創造思考的教室
概念為本的課程與教學

琳恩‧艾瑞克森、洛薏絲‧蘭寧、瑞秋‧法蘭奇——著

劉恆昌——譯

Concept-Based Curriculum and Instruction for the Thinking Classroom

Second Edition

H. Lynn Erickson, Lois A. Lanning, Rachel French

Foreword by Ron Ritchhart

獻給全世界在概念為本旅途中

滋養年輕人思維與心靈的老師們。

Dedicated to teachers the world over who are on the

Concept-Based journey

to nurture the minds and hearts of young people.

CONTENTS

目次

CHAPTER

01 思考的教室

CHAPTER

02 知識性結構與歷程性結構

CHAPTER

03 設計概念為本的課程單元

CHAPTER

04 概念為本教學單元中的探究式學習

CHAPTER

05 發展中的概念為本教師與自我評量

CONTENTS

圖表目次

About the authors
關於作者

琳恩・艾瑞克森（**H. Lynn Erickson**）

電子郵件：lynn.erickson@comcast.net

網　　站：www.lynnerickson.net

　　琳恩・艾瑞克森，教育學博士，是一位協助學校與學區設計並實施概念為本課程與教學的獨立顧問。在過去二十年間，琳恩和 K-12 教師與行政人員廣泛合作，共同設計從教室到學區層級，符合學業標準以及課綱要求的課程。她曾經擔任國際文憑組織（International Baccalaureate Organization）中學課程（Middle Years Programme）：下一章（The Next Chapter）的設計顧問。

　　琳恩有三本由科文（Corwin）出版社出版的暢銷書：《喚醒腦、心、靈：重新定義課程與教學》（*Stirring the Head, Heart, and Soul: Redefining Curriculum and Instruction*, 3rd edition, 2008）；《概念為本的課程與教學：超越事實的教學》（*Concept-Based Curriculum and Instruction: Teaching Beyond the Facts*, 2002）；以及與洛薏絲・蘭寧博士合著的《轉移到概念為本的課程與教學：如何整合內容與歷程》（*Transitioning to Concept-Based Curriculum and Instruction: How to Bring Content and Process Together*, 2014）。本書係與洛薏絲・蘭寧、瑞秋・法蘭奇合著，是琳恩廣受歡迎的著作《創造思考的教室：概念為本的課程與教學》（*Concept-Based Curriculum and Instruction for the Thinking Classroom,* 2007）的第二版。她還在羅伯特・馬贊諾

（Robert Marzano）的《教學卓越》（*On Excellence in Teaching*, 2010, Solution Tree Press）一書中發表專章。

在運用概念為本以達致深度學習的課程設計與教學領域，琳恩是國際聞名的講師與顧問，她在教育領域長期耕耘，曾經擔任教師、校長、學區課程主任、副教授而後教育顧問。除了美國，琳恩曾在世界上不同的地區與國家主講與培訓教育工作者，其足跡遍及亞洲、澳洲、南美、加拿大、英國、芬蘭、德國、荷蘭、瑞士、奧地利、中國、沙烏地阿拉伯、阿拉伯聯合大公國，以及塞普勒斯。

現在琳恩和家人住在華盛頓州艾芙瑞郡，琳恩與肯恩有兩個孩子以及崔佛與康諾兩個孫子，這兩個小孩持續喚醒著琳恩的心與靈。

洛薏絲・蘭寧（Lois A. Lanning）

電子郵件：lanninglois59@gmail.com

洛薏絲・蘭寧博士，是一位專長於讀寫素養以及概念為本課程與教學的獨立教育顧問，她的演說與顧問工作遍及全美各州以及國際性場域。

除了撰寫專業論文以及教師教學資源外，洛薏絲的著作包括科文出版社與國際閱讀協會（International Reading Association）共同出版的暢銷書：《解救三到八年級閱讀困難的四個有效策略：改善理解的小組教學》（*Four Powerful Strategies for Struggling Readers Grades 3-8: Small Group Instruction that Improves Comprehension,* 2009）；《設計概念為本的英文語言藝術課程：具備智識整全性且符合 K-12 共同核心標準》（*Designing a Concept-Based Curriculum in English Language Arts: Meeting the*

Common Core With Intellectual Integrity, K-12, 2013, Corwin）；以及在萊絲莉‧勞德（Leslie Laud）主編的《科文精選：讀寫能力、數學與科學的差異化教學》（*The Best of Corwin: Differentiated Instruction in Literacy, Math, and Science*, 2011, Corwin）中撰寫專章。她也和老同事暨朋友琳恩‧艾瑞克森共同撰寫了《轉移到概念為本的課程與教學：如何整合內容與歷程》。

從現場教師開始，洛薏絲在教學生涯曾經擔任 K-12 閱讀顧問、特殊教育教師、小學校長、學區課程主任、副教授等，最近十二年則擔任公立學校的副教育局長。

洛薏絲獲頒無數獎項與表彰，她的嗜好包括閱讀、騎單車、健行，以及旅行，洛薏絲目前和先生住在康乃狄克州西哈特福，她有兩個孩了和兩個全心鍾愛的孫子：克里斯多福與萊恩。

瑞秋‧法蘭奇（**Rachel French**）

電子郵件：Rachel_french@prolearnint.com

網　　站：www.professionallearninginternational.com

瑞秋‧法蘭奇是教育碩士，曾在南美、非洲、歐洲以及大洋洲等地的學校工作，是經驗豐富的國際教育工作者。她是一位獲得琳恩‧艾瑞克森與洛薏絲‧蘭寧授證的獨立顧問、講師與培訓員。她也是以提供國際學校優質專業發展的專業學習國際（Professional Learning International, PLI）公司總監，目前瑞秋透過 PLI 提供概念為本課程設計的培訓員與講師課程，這是琳恩‧艾瑞克森博士與洛薏絲‧蘭寧博士授證學院年度課程的唯一提供者。她曾在無數個歐洲與亞洲的工作坊中擔任講師，包括協助艾瑞克森博士舉辦的工作坊。她曾在

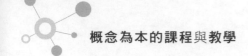

AEM 國際文憑研討會以及德國國際學校協會（Association of German International Schools, AGIS）研討會中發表概念為本的學習。瑞秋擔任顧問工作以支援學校規劃並執行概念為本的課程與教學，她也帶領教師團隊進行課程發展並提供回饋。

瑞秋目前任職於法蘭克福國際學校（Frankfurt International School）擔任小學部課程專員，也是國際文憑組織培訓的國小課程計畫（Primary Years Programme, PYP）工作坊主持人，她具有整合概念為本課程教材與國際文憑課程的豐富經驗。

瑞秋和先生育有兩個年幼的孩子，他們珍愛孩子，每天持續跟孩子學習。

About the translator
關於譯者

　　劉恆昌曾任公立國高中教師，現任職體制外實驗教育。進入教育場域之前，歷經台灣松下、渣打銀行、奧美廣告、KPMG、友訊科技及 Resources Global Professionals 台灣總經理等二十年工作歷練。在這些以人為核心的工作經驗與自省中，他發現我國學校教育中欠缺思考、溝通、協作、領導，以及態度、情緒與自我調節等對國民素養與國力發展重要的能力培養，因而投入國民教育，倡議哈佛零點計畫（Project Zero）的思考常規以培養學生的思考力；並從體驗、冒險教育著手，深入探索在課堂中涵養孩子非認知能力的「遠征式學習」（EL Education），致力有意識、有系統的融合思考力與非認知能力於學校學習中。

　　教學之外，他也參與北市教師跨校社群與讀書會活動，並積極參與各地教師與各級輔導團的研習及工作坊，曾於國立臺灣大學師培中心協助「適性教學」課程。翻譯本書之後，於 2018 年 7 月參加本書原作者主持的工作坊，取得「概念為本課程與教學獨立講師與培訓師」（Independent Lynn Erickson and Lois Lanning Concept-Based Curriculum and Instruction Presenter and Trainer） 認證，計畫配合本書出版，為讀者開設工作坊與培訓課程。

　　為了追求教育改善的夢想，劉恆昌於天命之年修得國立臺灣師範大學教育學博士，在此之前他擁有紐約市立大學柏魯克（Baruch）學院企管碩士以及國立成功大學企管學士，他同時是一位美國註冊會計師。

Foreword
前奏

　　長夏將盡，學年就要開始，意味著對老師們發表開學演說的時節到了——開學演說的目的在於提醒並激勵老師們全心投入即將展開的教學重責大任。多次以教師與講者兩種身分參加這類活動後，我留意到開學演說依照意圖大致落入三種類型：鼓勵型（motivation）、啟發型（inspiration），或者承諾型（commitment）。好的演講當然企圖同時兼顧這三種面向，然而，演講的脈絡以及事前和未來的規劃對演講的影響範圍設下限制，因而總是難以面面俱到，逐一檢視這三種演講類型將會揭露這些限制的因素。

　　首先，我們聽過鼓勵型的演講，在活動重於專業成長的情境中，老師們被講者風趣的言談逗得笑逐顏開、一片和樂，這種聚會近似於比賽前的誓師大會，其目標在於注入能量，想法則出自於暑假結束後，老師們需要加油打氣以哄勸他們回到工作，聚會最後一定會在全場歡呼中結束。這些活動常在社區中心盛大舉辦，以連結經驗與動機；選擇講者的標準自然偏重吸引與會者參與的能力，而不在於有什麼高明的想法。這類活動充滿激情但欠缺實質，因此，對教與學產生長期影響的機會不大。此外，由於計畫原本就是開學前一次性的開幕活動，通常也不會想到利用這次活動在未來發揮效益。

　　第二種是啟發型演講，出場的通常是作者之類的外部講者，帶著學校領導心中屬意的新理念，企圖激發老師們的靈感。但，這類演講通常在短暫的開場介紹之後幾乎不再激起火花。講者呈現的理念，不管有多好，最後成了少數有心的老師才摘得到的果實；原本的期望是有些老師會像學校領導一樣受到啟

發，然後會發生一些運動、改變，以及進步。然而，學校領導通常沒有設計扎實的成果收穫計畫。尤有甚者，學校領導壓根兒也沒想過先犁田鬆土，做好準備，讓新理念如種子般落地生根，而後在未來一年成長茁壯。

少數開學演說則有截然不同的性質，這一類跟承諾有關。在這種場景下，學年開始的演說變成對學校長期承諾的系列發展目標重新宣誓的機會。講者因為與學校的主要發展計畫有關而受邀。在這些場景中，教學被視為需要老師集體投入而非單打獨鬥的複雜歷程，教學被視為一門混合藝術與科學的技藝，因此沒人能夠完全精通，這些學校場景中，有種希望老師對教學技藝抱持成長心態的期待；換言之，期望老師視教學為接受挑戰、甘冒風險、隨著付出努力就會越做越好的持續性改善工作。在這樣的脈絡下，講者可能一次達成三個目標——鼓勵型、啟發型與承諾型。不意外的，承諾型演講令人印象最為深刻，而且對學校的教學有持久的影響。

閱讀琳恩・艾瑞克森、洛薏絲・蘭寧與瑞秋・法蘭奇合著的《創造思考的教室：概念為本的課程與教學》時，恰恰勾起了這三種返校演說的印象，因為藉著聚焦於值得關注的大概念、表彰教與學、視教學技藝為非常複雜的努力之事實，這本書同時啟發、鼓勵、又激發對教學技藝的承諾。

教學的複雜性值得我們付出承諾、能量與熱情，儘管教學吸引人投入、陶醉其中並感到喜樂，教學終究極為複雜，與其抗拒或閃躲，不如擁抱教學的複雜性。教學的複雜性顯現於群體學習中社會文化與人性的動態關係，這正是我的研究與著作所聚焦的文化創造領域；教學的複雜性也顯現於學習的神經科學，方興未艾的神經科學驗證我們已知學習的知識，繼而以高明的方式強力挑戰這些知識；教學的複雜性更顯現於建立課程的概念性目標，以形成教學內容的基本架構；教學的複雜性又顯現於需要務實的建立時間與結構，才能成功的實踐這些課程目標。最後，教學具有智識啟發的複雜性，我們認為這是學校從配送知識以便記憶的傳輸模式，轉向聚焦於整合事實為深厚理解的概念模式的

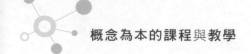

轉型，這些深厚的理解可以幫助我們洞察持續進化的世界。

《創造思考的教室：概念為本的課程與教學》這本書不繞著教學的複雜性兜圈子，而是直指核心，呼籲從灌輸知識與技能的二維度模式，轉移到以培養概念性理解為目標的三維度課程。艾瑞克森、蘭寧與法蘭奇從三十年的課程設計經驗中汲取出這本淵博的指南，引導我們穿越複雜的地形環境。作者們運用課堂實例並整合學習研究，提出深具說服力的論據，以強調環繞著學科重要、可遷移的理解設計課程的必要性，相較於由知識與技能集合成的制式文件與傳統課綱，這本書補強傳統課程的連貫性，進而打通朝向三維度課程的任督二脈。最重要的是，作者們捍衛了教師在轉型過程中無可替代的角色。

根據我們自己的學校經驗，以及艾瑞克森、蘭寧、法蘭奇舉出的支持證據，我期許多數讀者相信概念為本課程的價值不只可以幫助自己的學生，也可以幫助所有學校的教育工作者。當作者們提供了令人信服的理由後，從讀者端又萌生了一重複雜性：真確達成如此高遠目標的實作複雜性。

在實作上，這本書成為讀者啟動這一場重要的課程轉型挑戰之旅的寶貴資源，而構成這趟旅程的理念與實務極為細緻、互相關聯又充滿挑戰。在建構概念為本課程的歷程中，有時讀者巴不得作者如嚮導般坐在身旁提供範例、加油打氣、深入解釋，以及探究問題，其實，作者們用課堂發生的真實故事提供身歷其境的說明，分享自己的學習反思、好用的範本模板、實用的竅門，以及每章結束時提出的引導問題，正如同坐在讀者身邊陪讀。

讀者將發現這本書是為所有人準備，協助規劃概念為本課程的有用資源，作者們鼓勵我們接受，但沒有迴避這是一趟複雜旅途的事實。這本書要求我們改變對課程設計與教學的理解，這本書探討的是全面性的轉型，不是釘在課程單元上的幾個膚淺想法跟簡單建議。作者們也清楚這不是一趟立竿見影的旅程，要花很多時間。事實上，學會設計概念為本的單元只是第一步，唯有我們注入教學的活力，課程單元才會成為學習的媒介。這又增添了一重迷人的複雜

度：植入與教學的複雜性。但讀者大可放心，你的努力不只會提升自己的教學，還會提升學生的學習以及學校的學習。

榮恩・睿察（Ron Ritchhart）

2016 年 9 月 6 日

Acknowledgments
謝辭

　　如同任何性質類似的重大任務，眾人的貢獻增添了這本書的價值，並且幫助這本書趨於完善。我們非常感謝以下教育工作者發展出概念為本的單元範本：

蒂芙妮・布朗（Tiffanee Brown），現居華盛頓州柏靈頓市，是柏靈頓—愛迪生學區的中學老師

凱西・梅爾（Kaccey Mayer），現居瑞士卡畝鎮，以及瑞士蘇黎世的潘蜜拉・歐斯勒（Pamela Ostler），是兩位熱愛小孩的學前教育老師

珍妮芙・張・瓦梭（Jennifer Chang Wathall），國際性數學與概念為本課程顧問，她還分享一套中學數學的通則，提供老師們寶貴的資源

艾瑞卡・托爾芙（Erica Tolf）、凱莉・潘內克（Kaylee Panek），以及來自華盛頓州柏靈頓—愛迪生學區一年級團隊的協助，以及柏靈頓—愛迪生學區的副校長愛美・瑞斯納（Amy Reisner）

　　德國法蘭克福的蓋兒・安布朗（Gayle Angbrandt）、美國華盛頓州的蒂芙妮・布朗、盧森堡的安娜・斯坎內爾（Anna Scannell）等人的真實故事印證了書中部分論述。我們期待印度孟買莫娜・希爾麥（Mona Seervai）的化學鍵結，以及麻州海德利的派翠克・雷頓（Patrick Leighton）的科學展示桌教學單元計畫範本獲得全世界科學老師的讚賞。我們還要感謝科耳貝預科學校國中英文語言藝術老師珍妮芙・賈格曼（Jennifer Jagdmann）以及伊利諾州惠綾村第 21 社

區團結學區的音樂老師佛朗芯・艾文思（Francine Evens）持續的指導。

　　來自華盛頓州特奈諾市的漫畫家大衛・福特（David Ford）的才華與創造力讓我們持續興奮不已，他所捕捉到老師和學生之間的訊息與教室生態帶給讀者們會心一笑。

　　我們深深感激科文出版社的編輯艾瑞兒・巴勒特（Ariel Bartlett）細緻用心的持續推廣概念為本課程與教學，以及各方面行政事務的支援。

　　凱倫・泰勒（Karen Taylor）在編輯最後階段的敏銳眼力與精明思慮，對本書從手稿到付梓至為關鍵，作者們對她卓越的編輯功力心懷感激。

　　最後，如果少了全球教育工作者參加我們的工作坊、研讀我們的著作並跟我們聯絡的持續關注與追隨，這本書不可能存在。你們推動並鼓勵我們繼續工作，繼續為教與學的改善分享我們的熱情，我們由衷感激，謝謝大家。

Publisher's acknowledgments
出版社謝辭

科文出版社謹向下列複閱者的貢獻致上謝忱：

· 維吉尼亞‧萊克（**Virginia Leiker**）

聖湯瑪斯大學

助理教授暨教育領導學程主任

德州休士頓市

· 威廉‧羅伯森（**William H. Robertson**）

科學與科技教育

德州大學艾爾巴索分校

德州艾爾巴索市

· 蘇達‧高文資瓦米‧三德（**Sudha Govindswamy Sunder**）

課程與人力發展專員

環球美國學校

阿拉伯聯合大公國杜拜市

· 阿西許‧崔維第（**Ashish Trivedi**）

亞太區中學課程學校服務經理

國際文憑組織

新加坡

Introduction ━━━●━━━━━━━━━━━━━━━━━━━━━━
序曲

　　錯綜複雜——在全球相互依存的世界，**複雜性**這個概念譜出當今社會政治與環境的種種議題，各自堅守的信念與價值觀導致日益增多的衝突與兩極化，相競的觀點與意識型態持續在彼此之間拉扯。

　　教育工作者被賦予裝備學生在複雜而交互影響的世界生活與工作的任務，直觀上，他們瞭解幫助學生學會善用思維必定是教學的主要目標，即使老師們瞭解該這麼做，他們依然需要與以下教育現實的挑戰奮力抗爭：

- 我如何能夠啟發學生批判性、創造性，以及概念性的思維，同時仍然能夠教到必要的內容知識？
- 我如何能在有限的時間以及多元化的學生需求下，滿足學業標準（academic standards）的期許？
- 我要如何設計能夠真正啟發每一個學生智識與問題解決能力的課程與教學？
- 我在哪裡可以找到時間和專業培訓，以裝備自己因應二十一世紀教學的複雜性？
- 我如何能挪出時間有效的規劃教與學？

　　這本書針對以上問題提出許多解答，但前提是對課程設計與教學的傳統看法，朝向我們稱為「概念為本的課程與教學」（Concept-Based Curriculum and Instruction, CBCI）的目標，進行思維的轉移。本書提出的洞見扎根於認知科

學、學習理論,以及有效教與學的常識性論證。我們的教育之旅提供我們教學、評鑑、設計、犯錯之後繼續前進的機會,進而整合出對教學有用的想法。在過去的三十年間,我們的研究高度聚焦於各個年級與各個學科的課程設計與教學,本書分享了在這段旅程中蒐集到對課程與教學的瞭解,這些洞見不是浮誇的風潮或奇想的謬思,而是深入知識與歷程的固有結構,穿透課程設計、教學,以及智識啟發之間關係的深化洞見。

下面六點發現彙總了我們的洞見,第一點尤其是本書的首要焦點:

1. 介於事實性思考層次與概念性思考層次之間的**綜效性交互激盪**（synergistic interplay）是開啟智識發展的關鍵。綜效意味著總和效果大於個別效果的交互作用。傳統的課程模式通常沒有系統化的建構這種智識的綜效,但是,如果課程與教學要求學生透過概念層次的思考處理事實性資訊時,學生會展現較深的理解層次、較多的記憶留存,以及更高的學習動機。

2. 傳統課程設計模式無法為資訊基礎提供強力的概念性結構,教學的結果是一種**全部教完**（coverage）的課程模式,這種模式助長了認知淺薄的教與學。

3. 每種學科都有固有的概念性結構,隨著資訊基礎日益擴充,概念性結構可以把湧入的資訊整理成模式（patterning）、分類（sorting）並加以處理（processing）,因而變得更重要。

   事實性資訊的量越大,提升到更高抽象層次以組織並處理這些資訊的需求就更大。

4. 課程中除了特定的內容知識與技能,還必須清楚表達各年級各學科重要的概念與概念性理解,這是學生必須在深入層次**理解**（understand）

的核心概念。但學生必須**知道**（know）事實知識，也會**操作**（do）低層次技能，才能夠描述、討論、解釋或分析那些深入的核心概念，如果沒有知識與技能作為基礎，人不可能產生概念層次的理解。因此，如果我們想要系統化啟發智識，就必須在較低層次與較高層次的思考之間產生綜效。

5. 理解的遷移發生在概念層次，具備事實與技能支持的通則（generalizations）與原理（principles），幫助學生在新事例和以前學過相同的概念與概念性理解之間看出模式並建立連結。

6. 教育工作者經常疑惑，為什麼剛進學校的小孩是渴望學習、動機強烈的學習者，但在三年級以後越來越難以激勵，難道逐年增加的事實知識基礎與孩子個人概念性思維的投入之間存在反向的關係？概念為本的課程與教學模式在事實知識基礎逐年增加的同時，確保學生持續投入概念性思維而緩減這個問題。

　　國小低年級課程的概念性遠高於事實性，老師邀請學生投入思維、心靈與雙手於任務中，以理解色彩、氣候、家庭、神話故事，以及數字等概念。孩子們在協作、創造與問題解決中，帶著個人的智識進入任務，每個孩子都感受到善用個人思維的喜悅。有個小男孩喬伊因為用腦而喜愛學習，但喬伊逐年升級時有些事情發生了：課程微妙的從吸引喬伊的概念性思維，變成教完日漸增加的事實內容。幾乎不自覺的，喬伊開始失去學習興趣，老師則認為一定是電玩遊戲以及電視節目的動作聲光造成了教室中的冷漠無感。其實，在傳統的課程模式中，隨著事實與技能的負荷增加，概念性智識的投入以及學習動機隨之減少，但老師可以運用概念為本的課程與教學模式解決這個設計問題。

　　我們生活在面對環境與社會政治兩方面複雜問題的時代，我們必須具備分析、抽象化、概念化、預測、協作、規劃等能力並且負責任的行動，才能有效回應這些問題。而公民則遭到勸誘性媒體報導以文字與影像呈現的特定觀點持

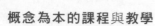
續轟炸，學習如何考慮一個議題的多元面向、提出釐清問題，以及挑戰偏頗、謬誤或證據不足的論點等等，已經不是可有可無的技能，它們已經是二十一世紀生活與解決問題的核心技能。

第二版的更新

由琳恩・艾瑞克森、洛薏絲・蘭寧，以及瑞秋・法蘭奇共同執筆的《創造思考的教室：概念為本的課程與教學》第二版（**編註：指原文書版本**），相較於 2007 年的版本有大幅度修改。第二版特別聚焦於輔助從學前教育到高中的教師繼續概念為本的旅程，洛薏絲・蘭寧博士以歷程性結構（Structure of Process）補強了原有的知識性結構（Structure of Knowledge），提供本書重大的增益，歷程性結構解釋了歷程導向的學科：英文語言藝術、世界語言、視覺與表演藝術，以及音樂等。

榮恩・睿察（Ron Ritchhart）、琳達・艾爾得（Linda Elder）、李察・保羅（Richard Paul），以及卡若・湯琳森（Carol Tomlinson）等教育界領導者與研究者的著作都支持本書的革新思維。此外，書中提供了一套詳細的課程單元設計步驟與課程單元範例，作為老師們把概念為本的課程與教學搬進自己教室的範本。

第四章闡述了教學單元計畫中的探究式學習，以強化概念為本教學與透過探究學習之間的緊密關係。而歸納式教學吸引學生投入探究歷程，是引導出概念性理解的重要策略之一。本章還在教學單元計畫中探討教師在準備探究導向的教學時經常遭遇的困難以及因應之道。

最後一章探討教師在改變歷程中的態度與信念，洛薏絲・蘭寧發展出四項規準幫助老師在概念為本教師的旅途中，從新手到萌生中、到精熟的歷程中進行自我評量。這套規準提供了「瞭解概念為本的課程與教學」、「概念為本的單元規劃」、「概念為本的教學單元計畫」，以及「概念為本的教學」等明確的

評量基準。

　　本書第二版包含了許多嶄新而詳實的範例，以幫助老師讀出意義進而將設計落實於實作，我們自己漸次發展的理解也有助於我們為讀者清晰解釋複雜的理念。

———————————————

譯註：

1. 本書第三章探討「課程單元」規劃，原文交互使用 instruction unit、curriculum unit、或 unit。一個「課程單元」涵蓋範圍較廣的主題或宏觀的概念，通常延續數堂課或數週時間，本書建議一個學年的課程宜分成四到六個「課程單元」。而第四章則聚焦於「教學單元」計畫，原文為 lesson，係指「課程單元」中的一個授課單元，或一堂課。

2. 本書中各學科名稱依據美國中小學課程名稱直接翻譯，與我國學科領域名稱不同之對照如下：English language arts 譯為「英文語言藝術」，即我國的語文領域中的「英語文」（或「國語文」）；World language「世界語言」，即我國的「外語」；Social studies「社會研究」，即我國的「社會領域」。

To Chinese version readers
致繁體中文版讀者

　　看到台灣挑戰傳統教學法，致力於推動十二年國教核心素養課綱令人無比興奮！台灣定調以學習者中心的理念孕育終身學習與真實世界問題解決能力，藉由促進深度的概念性理解，台灣教育工作者正在提升智識的標竿。

　　台灣教育當局肯定了深入可遷移理解對深植自我導向學習基礎的重要性，十二年國教中核心素養的架構，正是期望從重視知識記憶與機械性技能操作的二維度模式轉移到我們稱為三維度的教學模式。三維度模式的學習目標不但包括知識與技能，更刻意在教學中聚焦於理解學科的核心概念，以促進新情境中的學習遷移，這樣的轉移需要課堂教學以及高中會考、大學學測與指考等全國性評量同步進行重大的變革。

　　教師重視理解能力，視學生為有能力的思考者將引發學生學習的動機與熱情，在概念為本的課程與教學中，學生調查問題與情境、發現模式、產生連結，進而領悟學習與探究的意義。

　　教學改變需要時間以及持續投入專業學習，如同任何課程變革，課綱設計僅僅起了頭，關鍵在於高品質的教師培訓以確保有效的課堂實踐，因為學校和教師在新課綱順利實施中扮演著決定性的角色。

　　當學校被賦予高度專業自主，以符應在地脈絡意義的方式培育素養之際，教師則被召喚深入思索教學單元與課程設計，概念為本的課程與教學架構恰可幫助教師們瞭解知識與技能只是啟發學生理解的基本元素，以及教師如何透過課程設計與教學涵養深入可遷移的理解。

　　我們興奮的看到心懷遠見的教師不斷串連成長，如本書譯者劉恆昌老師、

臺灣師範大學陳佩英教授等眾多同僚，他們正致力於連結台灣課綱改革與概念為本的課程與教學，我們衷心期盼各位在概念為本的課程旅途上揚帆遠航。

琳恩·艾瑞克森博士、洛薏絲·蘭寧博士，以及瑞秋·法蘭奇

2018 年 8 月 14 日

與每位教育夥伴的相遇，都可以開出美麗的花

自我回國服務後，便投身台灣教育的變革行動，因而和教育工作者結下深深良緣。

這十多年在大學的工作，讓我有機會在學校領導、組織學習和網絡行動這三方面的理論與實踐中，不斷的交疊開展，持續思索如何在主體能動性所創造的第三空間中進行教育學想像和創造性的實驗，積累蘊含集體智慧的具體行動，並將實踐經驗轉化為知識。

十二年國民基本教育課綱於 103 學年度公布之後，課綱課程的轉化與新型態課程的發展自然成為教師專業發展的重點。新課綱實施代表著教育範式的結構性與系統性的重大改變，有賴於教育工作者的同心協力，或許將摸索的負擔轉為開創的樂趣。

我所主持的高中優質化計畫，自 2007 年起奠定學校組織學習的基礎。十年努力終於見到教師中間領導的興起，並形成互惠合作和相互支持的教師文化。這股由下而上的教師社群動能，於 2012 年開始形成泛泛漣漪，到 2016 年的課程領導與課程發展工作坊的密集學習，捲起波波浪潮，又匯流到大水庫，持續滋養老師們的專業發展。

在新教育的架構下，老師們有的加入學校或跨校的專業學習社群，一群人做伙，打開彼此的雙眼、雙耳與雙手，於是對教學工作產生新的體會，心念的

轉變因而帶動行動的改變。教師的跨界連結，打開了視野與探索的空間，讓每個人的學習與行動在群體內產生共感與共鳴，共同書寫雁行共好的杏壇故事。

在高中優質化計畫的支持下，2017 年年初，一群跨校高中老師組織了愛思客團隊，以發展跨領域導向課程設計為名，先由小組研發課程，模擬團隊共備工作過程，從而設計工作坊課程內容與流程。跨領域課程發展的挑戰在於如何以課程核心的問題意識出發，透過探究式對話穿越學科疆界，或在個體經驗的邊陲之地相接，因而可以跳脫課程框架的想像。愛思客團隊以流程與工具作為中介，讓經驗和集體探究一方面可以馳騁想像、縱覽全觀；另一方面也可以落地接氣、化不可能為可能，又能與課綱精神相連，滿足了專業對話耕耘後的開花結果。除了愛思客教師團隊，其他課程發展的教師團隊遍布全國，在不同的地方捲起袖子一起犁田整地，讓學校的土壤變得鬆軟，播下的種子可以長出新芽來。

過去，老師們習慣作為教科書知識內容的傳遞者，至於，教科書內容的知識選擇和學科知識範疇，多半認為應由專家去制定和編寫。老師們的責任就是把「書」教好，將教科書知識做出完美的演繹。因此，在大考題型改變之前，對於額外付出心力去探討課程概念、設計提問與討論，或者研發紙筆測驗以外的多元評量，顯得多餘和不切實際，甚或創新教學反而引來家長的質疑和不必要的麻煩。不過，仍有一群老師願意率先研製課程模組和多種教學策略與方法，期望提供學生向外探索世界、向內反觀諸己的動態學習歷程，以形塑學生主體的學習意識並增進自我的了解。十二年國民基本教育的課綱精神、理念與課程目標，剛好為朝向未來學習和彈性能力發展的課程與教學提供變革的正當性，也吸引關心人才培育的教師，結夥共學。

不少教師團隊在新課綱架構下，為了模擬教師備課的真實情境，羅列了重要的課程元素（學生現況、學習主題、學習目標、核心問題、核心素養、表現任務、多元評量），也發展了相關工具，以降低教師從頭學起的門檻。愛思客教師團隊所發展的「曬衣繩」工作布牆設計，便是強化視覺思考與溝通的工

具，將課程發展元素排列組合於此布牆上，以圖像方式協助教師理解，並易於小組邊思考、邊對話、邊操作的跨領域合作模式。

這個發想的過程是模擬老師們共備會發生的社會性認知歷程。一開始先從顧及學生背景、興趣和班級特性開始發想課程範圍與方向。教師接下來針對此一探究範圍提煉「核心問題」，並為課程方向定錨。核心問題的探究軸線，包含跨科概念與學科概念或技能的學習，且希望學生能逐步深化探究並達到建構「通則」（generalization）的高層次理解，如此才能在未來進行學習遷移。因此，課程需要能夠兼顧學習者的經驗「關聯性」、目標與內容的「系統性」，以及教與學的「脈絡性」，才能為學生鋪陳有意義的學習旅程，將習得的概念應用於真實情境之中。

2017 年的暑假，我和愛思客團隊正思索進階工作坊的流程鷹架，如何讓學科領綱在跨領域課程設計中仍佔有一席之地，我們於是採用概念為本的課程與教學設計原則。高中階段的學習，知識內容、相關技能和態度養成皆有其重要性，也需要與各學科的學習連接。如何進行學科之間的合作與統整便是概念為本的課程與教學可以著力之處。與老師們一起閱讀由 Erickson、Lanning 和 French 合著的 *Concept-Based Curriculum and Instruction for the Thinking Classroom* 原文書之後，我們共同設計了進階工作坊流程，同時匯集了組織思考的圖解工具，提供第一線教師以新的視角和框架理解並設計課程和教學，找到幫助學生樂於學習和能應用所學於問題探究和實際情境之中。

然而，若想推廣兼顧知識學習與素養能力培養的課程，教師在課程觀、教學觀與學習觀都需要進行轉化，致使在課程目標、教學方法與工具的使用、乃至流程和學習策略的掌握等等，都可以從以學習者為中心進行課程與教學的設計。在老師們很想學習素養導向課程設計的當下，剛好博士班的指導學生劉恆昌老師將《創造思考的教室：概念為本的課程與教學》原文翻譯成中文。這本書如同及時雨般的讓有課程發展需求的老師可以自學或組成讀書小組共讀，相信未來在老師們共同研讀與討論下，定可慢慢發展出兼顧理論和實踐、知識與

能力、專門與統整的素養課程設計與教學，嘉惠更多學子的學習。

十多年前在接下這份高中學校自我精進的方案時，並不知道因熱忱點頭答應的推動工作，可以讓我遇見許多好的校長、主任與老師和共事的大學教授，總覺得自己幸運，讓研究、教學與服務在意義交融中得以整合，編織夢想和未來的預見。

最重要的是，每個回眸的當下，感覺到自己與每位教育夥伴的相遇，都可以開出美麗的花！

陳佩英博士

國立臺灣師範大學教育學系暨教育政策與行政研究所教授

2018 年 10 月 25 日

Recommendations from teachers' communities
教師社群推薦語

推薦社群之一：
教育部國教署中央輔導團國中小彈性暨素養課程發展計畫核心教師

老師給了學生答案，他們就停止思考；給了學生分數，他們就停止學習！學生真正需要的是搭建思維的鷹架，建立概念的連結和發展可遷移的通則，以成為一位能獨立思考的終身學習者，本書正是教師教學與學生學習的最佳解方！

陳惠珍——苗栗縣銅鑼國小教師

概念為本的教學設計打開我的教學視野，透過概念透鏡和各種學習策略的運用，有如把原本散亂的教科書、事實知識與學習歷程 3D 立體化，讓我很清楚自己在教什麼，更重要的是讓學生知道自己在學什麼，為什麼而學，而且能夠遷移使用。對我而言，這就是教學的意義！

范姜淑雲——新北市秀山國小教師

「概念為本的課程與教學」是符應素養導向的課程設計，歷經創造單元標題、找尋概念透鏡、辨認網絡支線、推演學習通則、開展核心問題、辨認關鍵內容與關鍵技能、撰寫評量規準、設計學習經驗以及撰寫學習概述等，從傳統二維度的主題式單元思考晉升為三維度的概念單元設計。

筆者有幸參與恆昌老師的工作坊，經歷一連串燒腦的寶貴歷程，也相信這種「接地氣」（以學生生活情境為主）與「跨領域」（一哩寬、一丈深的探究功夫）的「可遷移」課程設計，確實能夠適性揚才，為新一波的教育改革注入源頭活水。

盧炳仁——台中市惠文國小教師

《創造思考的教室：概念為本的課程與教學》讓我感到驚喜！面對永遠教不完的單元內容，如何深化學生學習，進而遷移學習、舉一反三更加重要。概念為本能讓老師進行課程設計時更加聚焦，小幫助學生學習時，能從片段離散的知識提取概念、形成通則，是很值得嘗試的解方！

陶秀英——嘉義市民生國中社會領域教師

在這知識訊息爆炸的時代，孩子需要的是理解概念、掌握通則並能將所學遷移到不同的情境中。概念為本的課程設計與教學打開教學者課程設計的心與眼，最珍貴的是書中提供明確的課程設計步驟，以及不同學科實踐過的課例。如果您想教會孩子學會思考與掌握原則以面對不確定的未來，《創造思考的教室：概念為本的課程與教學》正是您必備的實踐指引。

許綉敏——桃園市青溪國中英文教師

推薦社群之二：
2018 年臺灣實驗教育工作者培育計畫學員「概念為本的課程與教學」組課

如果要將網路雲端當作我另一個「儲存的腦」；那麼我那個應該進行「思考的腦」要如何訓練與運作呢？又如何透過課程與教學教會學生思考呢？很幸運的，我在本書中找到了很棒的解答！

戴慧茹——豐山實驗教育學校訪問教師

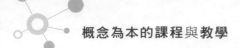

比起一般的課堂，以「概念為本」的課堂多了一扇門。打開那扇門，有著一條路，沿著它慢慢前進，我們自然而然的與文本、與他人、與世界展開了一段段精彩的對話。最後，我們將與最初那個充滿好奇、樂於探索的自己，一再相遇。

張嘉玲——新北市三芝國中自然領域教師

以「概念為本」能迅速蒐集整合龐雜的知識體系，深化學習的意義。當知識可以快速連結，能讓學生提升自信，學習也變得更有效率。在數位化的時代裡，我們缺的也許不再是知識，正是這樣的方法。很高興能有機會認識「概念為本」的課程。

林津羽——國立政治大學中文所博士生，
致理科技大學兼任講師

從事教學二十多年來，為了增進學生們的學習與思考能力，我不斷反思自己的學習歷程，並觀察眾人學習的樣貌，於是發現：能夠從具體事實中提取出抽象概念，並將學到的概念轉移運用於其他知識的學習，是一項關鍵能力。這樣的過程中，概念就是「一以貫之」與「一通百通」的「一」。

驚喜的發現《創造思考的教室：概念為本的課程與教學》兼具理論與實際，並提供課程設計的參考架構，舉例說明不同類型的知識與學科，是幫助教師們進行概念學習課程設計的實用指南。期待中文版的出版，希望有更多老師能夠認識並加入推動「概念為本的課程與教學」的行列，幫助孩子們想得更棒、學得更好！

吳芸真——國立中央大學學習與教學研究所碩士生

　　「教育」提供學習者學習的機會，「老師」引導學習者的學習足跡，「課程」傳授學習者學習的概念，而「概念為本」既是教學者教學的方法，也是學習者的學習方式。

游十賢——六年制學程教師

　　「事實、主題、概念、原理通則」與「事實、感受、發現、未來」，前者是「以概念為本」的教學脈絡，後者是「體驗教育」的歷程脈絡！兩者歷程非常相像。隨著反覆閱讀並參考文獻，漸漸的能夠釐清這些教學脈絡跟設計的方式！更令我驚奇的是以概念為本的脈絡似乎也可以應用在輔導諮商方面！相信在不久的將來，這本書能為台灣的教育界帶來一番新改革，引領孩子進入屬於自己的世界。

黃思宇——財團法人臺灣更生保護會苗栗分會更生輔導員

▌教育現場的其他推薦：

　　一個中學老師應該要用心的將專業知識透過課程、教學與評量的設計，有系統的搭好鷹架幫助學生學習，才是真正的專業。

　　什麼是學科內最值得學生學習的內容？什麼是學生一輩子需要的能力？什麼是學生可以遷移到未來人生中的學習？老師需要掌握學科核心概念，進行課程、教學與評量的設計。「概念為本的課程與教學」正是幫助老師成為一個「懂得課程教學設計的專家」非常重要的工具書。

劉桂光——台北市松山高中國文暨生命教育教師，
酷的（KUD）國文素養導向課程設計社群召集人

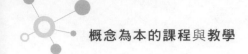

作為一個高中數學老師，我會引導學生獲得概念並建構通則，也就是在歸納的歷程中進行新的抽象化學習，因為學生抽象思考的熟練度不同，並未完全建構概念，學習的深度往往差異很大。

這本書提供了一個很棒的方法：以概念發展的脈絡為基礎，透過概念透鏡定錨每一個數學學習單元的核心概念，引導所有學生達到同樣的數學學習深度。誠摯的推薦您閱讀《創造思考的教室：概念為本的課程與教學》。

陳光鴻——國立臺中第一高級中學數學科教師

本書讓教與學不再停留在知識及技能層面，把教與學拉高到各學科概念及通則的理解，進而遷移或運用到不同的情境脈絡，為 108 課綱帶來了教學實踐的可能性。作者提出了「知識性結構」及「歷程性結構」協助老師釐清各學科的本質，並提供很多與概念導向教學實踐的示例及教案，本書真正可以滿足目前台灣老師進行新課綱素養導向教學的課程轉化需求。

李壹明——台北市立中正高級中學英文科教師

濯亞國際學院實驗教育機構成立於 2014 年，為了發掘學生天賦恩賜，我們決定採取「概念為本的課程與教學」模式，以教室為中心進行教師「恢復技能」（reskill）的課程設計與教學專業成長，引導學生從閱讀關鍵知識中找出重要概念、以思考和歸納模式培養反思與批判力、從建構通則中培育學習的遷移力，期待學生能夠在不同情境中展現所學、實踐解決問題的能力，以落實培養非認知能力與概念性思考能力的實驗教育。

李丕寧——濯亞國際學院實驗教育機構校長

學以致用且能解決問題一直是教育的挑戰與目標，如何從語詞、公式記憶背誦，提升培養學生的高層次統整、批判與創造能力？面對十二年國教強調培養能適應現在生活及面對未來挑戰之知識、能力與態度的核心素養，教師首先要釐清的是要教什麼？什麼是課程教學的核心概念？該如何教才能讓學生擁有學科及跨領域的概念、原則及解決問題的核心素養？本書闡釋的概念為本理解學習將提供最佳解答，不但翻轉教學觀念，更能循序習得教學策略，讓老師在落實素養導向教與學的路上，如虎添翼！

　　　　　劉佩雲──國立東華大學教育與潛能開發學系教授

　　面對十二年國教，若僅從單一年段思考課程設計，可能會忽略各年級重複性的問題，《創造思考的教室：概念為本的課程與教學》從宏觀概念延伸到微觀概念，再演繹到主題和事實。先找概念性通則，透過領域內或跨領域的課程，可以提供一至六年級既不重複又具備統整性的學習。本書值得現場教師和校長一再閱讀！

　　　　　沈羿成──苗栗縣雙連國小校長暨靜宜大學兼任助理教授

Translator's forward ━━━━━━━━━━━━━━━━━
譯者序

思考、理解與遷移：用「概念為本的課程與教學」
搭建通往素養的階梯

　　生命中的可能，常在逸出常軌後顯現。十年前開始修習教育，四年前，我進入國中教授公民，打開呈現簡介、專有名詞、名詞解釋、文字或圖片示例，以及一串練習題的課本，我傻住了，這要怎麼教？直接講解嗎？工作多年，深知用語文解釋抽象概念很難，聽者接收到的訊息及意義詮釋各自不同，常和講者的期望出現落差。老師直接用文字講述名詞概念，學生都能瞭解嗎？回想自己的求學階段，許多學科內容其實也沒弄懂，因而理解、學會的喜悅不常發生，往往死記硬背下來應付考試罷了，遷移與應用大多是工作後摸索獲得的。

　　於是我嘗試依循腦部的思維路徑，剪輯貼切課文的影片與文章，從影片、文章中看得到、聽得見的事實開始提問，提供表單工具便於學生組織資料，逐步引導學生從脈絡背景中，找出人、事、物的共通點以連結課本的概念。當學生發現概念不只是抽象的文字符號，而是從事實中找出共通點或共同屬性的代表名稱時，概念就不再那麼玄妙難懂了，在找資料、討論及動腦筋想像的過程中，上課也有趣多了！因此，當我看到 *Concept-Based Curriculum and Instruction for the Thinking Classroom* 這本書時，立即怦然心動，透過思考中獲得理解、進而能夠遷移的學習，正是我心中理想的教學模式！我興奮的跟原作者琳恩‧艾瑞克森博士、洛薏絲‧蘭寧博士與瑞秋‧法蘭奇說：「我希望讓每一位老師都看得懂

『概念為本的課程與教學』，作為素養導向課程設計與教學的參考書」，於是投入本書的翻譯工作。

之前我只會教到概念，從本書中我學到如何繼續引導學生建構通則（generalization）：用一句話寫出各個概念之間的關係。最近在中、高年級設計了一個「節慶」單元，孩子們先看了影片剪輯，把看到的月餅、年糕、粽子、放鞭炮、圍爐、划龍舟等內容記錄在資料組織表中，我問：「如果用幾個字代表月餅、年糕、粽子等吃的東西，你會怎麼說？」我們很快的提取出「食物」這個概念，以及「節慶活動」、「緣起故事」、「團聚」、「習俗」、「傳統」等與節慶有關的概念。在同儕與師生多次回饋與修改後，我們彙整出以下通則：

> 人們在重要節慶時，通常會團聚在一起慶祝，共享節慶食物，並且進行節慶活動。
>
> 節慶的起源包括度過災難獲得平安的各種傳說和想像故事。
>
> 為了祈福、團圓，以及延續傳統，人們年復一年的慶祝節慶。

透過通則撰寫，我看到學生在思考、論辯及構思語言的歷程中深化理解，學生更能夠把知識、技能與通則應用到「創造一個節慶」的表現任務中。是的！孩子會思考，也樂於思考！我相信在國中、高中階段，學生可以學會更豐富、更深奧的概念，建構更具洞見的通則。

我們生活在全球化與科技推動下，日益錯綜複雜、變化急遽又充滿未知的世界，「概念為本的課程與教學」透過系統化的步驟，除了引導學生觀察事實與現象，歸納出有意義的概念與通則，同時也教導學科知識如何產生的歷程、策略與技能，是兼顧知識與歷程學習的雙重目的教學方式。教學生在新的情境中，會觀察細節、連結腦中既有的概念與通則，進而擴充或形成新的模式，換言之，學生能夠遷移所學並且自主學習，在複雜未知的世界中自我導航。這本書的首要價值，即是從重視片段知識與離散技能的傳統教學模式轉移到運用知識與技能以思考、理解與遷移的「概念為本」課程與教學模式。

在這一波課程綱要變革中，海峽兩岸同時採行充滿理念與願景的「核心素養」課綱。「核心素養」課綱界定出一套期待學生可以達到的成果目標，然而，素養的目標需要現場教師透過課程與教學，提供學生轉化的歷程才能達到核心素養的目標。在台灣新課綱導入的過程中，有許多教師跳出來參與官方或民間推動課程變革，這些老師大都早就自己設計課程，他們透過社群共備與聚會串聯，感染同儕加入瞭解課綱以及設計課程的行列。然而，我觀察到敘述式的「核心素養」總綱欠缺具體明確的相關構成概念，各領域的課程綱要也只提供重要的內容知識與技能，導致老師在設計課程時，大都以望文生義的方式連結總綱。這種模糊性固然有利於課程設計者自圓其說，但問題是學生上完課是否真的達到素養目標？如何確認學生的「核心素養」逐年成長？如何確認教師的課程設計涵蓋所有的「核心素養」，沒有過度重疊以及疏漏？這些都不是說了就算！我想「核心素養」中除了標示宏觀概念，還需要明確的微觀概念架構，幫助課程設計者跳脫從字面上連結「核心素養」，進而能真實的校準課程、教學與評量到高遠的素養成果目標。同樣的，領域綱要中若有一套領域的概念地圖作為基礎，那麼學科學習的結構性與邏輯性將會更明確而強大。

素養導向的課綱源自經濟合作暨發展組織（OECD）從上個世紀末延續至今的教育方向，OECD 今年在「2030 年教育與技能的未來」（The Future of Education and Skills 2030）專案中，訂下「在反思、預見、行動的連續歷程中，運用知識、技能、態度與價值以滿足複雜的需求」的學習架構，其行動方案首先挑選重要素養與概念建立一套概念列表，再以概念列表為基礎，重新進行課程規劃，以吸引學生學習並獲得深入理解，校準個人與全體福祉為目標。OECD 2030 課程重新設計與「概念為本的課程設計」的主張在目標與路徑上有高度一致性。當然，無論建構「核心素養」內涵的概念列表或領域綱要的微觀概念架構都需要素養與學科專家投入，就此，「概念為本的課程與教學」可以提供一套設計藍圖與共通語言，這是本書的第二個重要價值。

當然，現場老師中不乏對於新課綱無感者，他們認為課綱是給教科書廠商

編書的依據，等教科書編好，老師照著教科書與書商提供的資料上課即可。但是，別忘了還有校訂必修以及選修課程需要老師自己規劃！相較於其他以概念為基礎的課程設計書籍，「概念為本的課程與教學」提供了學科「知識性結構」與「歷程性結構」圖解，明確區辨「概念」與「通則」的定義，除了詳細的課程單元與教學單元的設計步驟與模板範本之外，還有許多各學科領域及跨領域的真實課程範例，有助於欠缺課程發展的經驗和能力的教師「恢復技能」，這是本書的第三個重要價值。

從九年一貫課綱實施之後，課堂活動與跨領域課程常成了教學現場擁抱的遊行花車，前者提供對學生的吸引力，但有時為活動而活動，欠缺深入理解與評量，而「核心素養」的目標需要細緻而深入的課程轉化，能力不只在接近生活情境的活動中應用，更要深入理解「如何」與「為何」運用這些策略與技能，否則課程容易遷就生活情境而淺薄化，反而偏離素養目標。而跨領域課程常與「特色課程」結合，有時口號遠勝實質，以致嵌入的學科喪失學科本質淪為工具，根本原因是學生的學科概念理解不夠扎實，產出的結論自然空泛而難以落實。「概念為本的課程與教學」主張逐年由少而多、由淺入深的學習學科重要的概念與通則，以培養專家級的學科深度；而跨領域課程則發展網絡支線延伸到相關學科領域，進而在個別學科深度的基礎上，處理真實世界中兼具廣度與複雜性的議題。就新課綱的持續發展而言，本書的第四個重要價值在於提醒校訂必修以及選修等課程設計如何做到理解的評量，以及兼顧深度與廣度的學習。

本書的基本價值是作為中文讀者與英文作者之間橋梁，譯者雖然多次與原作者電郵討論，並盡量加上譯者註釋，但仍然可能有疏漏或詞意不達，祈請讀者指正。翻譯此書的初心在於幫助中文讀者理解與實踐「概念為本的課程與教學」，因此我參加了三位原作者主持的培訓課程，並取得「概念為本的課程與教學獨立講師與培訓師」認證，讀者如果需要以讀書會共學，或結合課程設計實作舉辦研習或工作坊，請逕行以電郵與我聯絡。

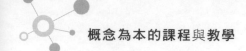
最後要感謝中央輔導團的研究教師們，藍偉瑩老師與「思維與語言」讀書會的老師們，「愛思客」教師社群的蘇淑菁、李壹明等老師們，簡菲莉前處長與宜蘭國教輔導團王玲琬老師等參與試讀並提出建議與討論，還有陳佩英教授、丁亞雯前局長、高松景前校長與李丕寧校長的鼓勵與支持；心理出版社林敬堯總編輯的建議與陳文玲執行編輯細心校閱，以及我妻慧玲對我日夜俯首案前的包容與恆久的愛。

劉恆昌 謹識

電子郵件：julianhcliu@gmail.com

01

思考的
教室

教室快照

　　在一所小學裡，這間教室充滿熱絡的活動，孩子們在研究與討論的小組中，試圖解答老師的提問：「簡單機械如何增加施力？」學生協力用槓桿、滑輪和斜坡建立假設，共同設計並進行實驗，老師要求學生用**力**與**能量**兩個概念來說明實驗結果，學生們表達想法，互相提問，並延伸思考，用完整的句子把新萌生的理解記錄在簡單機械的繪圖旁邊。牆邊羅列著學生的作品，充裕的空間隨處可見書本、美術印刷品、科學教材、數學教具，以及科技設施，對教室迅速一瞥足以確認這是一個積極學習的環境。

　　在一所中學裡，學生們正在處理一批關於地球汙染的資訊，他們嫻熟的評估這些一手與二手資料的可信度，透過**環境永續性**這個概念透鏡（conceptual lens）處理資訊，他們進行了超越事實資訊的思考。學生運用部落格以及其他社交媒體和世界各地的學生比較筆記，展示並分享自己對地球汙染以及永續性的研究與深化的理解，他們產出大量洋溢著智識性、藝術性與訊息性的產品。

　　校舍另一端的教室裡，學生兩兩坐在一起，拿著學習單進行界定重要科學術語的任務，學習單上的字詞來自於自然課本，學生們先一起在課本裡找到這個字詞，然後考量用字的脈絡，和同學討論這些字詞的意義是什麼，一旦達成協議，每個孩子把定義寫在自己的學習單上，老師則在學生之間走動提供引導以及必要的回饋。

　　你注意到這三間教室有什麼不同嗎？前兩間教室進行的是以概念為本的教學單元，學生投入智識層面的學習，學習經驗促進探究並且明顯的推動學生產生概念性理解。第三個快照則讓人憂心，學生依據老師的指令的確進行了小組任務，但是智識投入的程度不高，即便學生在老師指導和資源運用下還是會產

出術語的定義，但沒有證據顯示學生增進了概念性的理解。

教學的技藝與科學超越資訊的呈現與萃取，技藝精湛的老師以情感、創意與智識吸引學生投入，並且為學習注入深入而熱忱的好奇心。老師也知道如何有效運用教學的科學提供結構，以引導個人的知識建構。個人的知識建構不可以建立在假設上，老師必須清楚自己希望學生知道什麼事實知識，達到什麼概念性理解，以及會做什麼技能與歷程。

不知情的觀察者難以理解在一間活動熱絡的教室裡，投入不同探究階段的學生其實都專注於目標導向的學習中，老師匠心獨具的運用問題與學習經驗設計教學單元，使學生投入調查、建構，以及分享符合學業標準（academic standards，譯註：我國的課程綱要提供了國民教育各階段學生學習的學業標準）的學科知識與理解，學習具有目的性。同時老師的教學單元設計也鼓勵學生體會自己創造更多的洞見與理解。前面兩堂課裡學生的交流、老師的引導問題、探究式學習的證據，以及學生運用不同媒體產生意義並表達想法的機會等等，描繪出什麼是思考的教室。在這樣的教室裡，智識啟發、全心學習及創意表達是概念為本的課程與教學（Concept-Based Curriculum and Instruction, CBCI）的主要教學目標。請看另一個實例。

陳老師是一位高中世界歷史教師，他的學生提出了許多關於 2015 至 2016 年，人民從敘利亞和伊拉克向歐洲國家大規模遷徙的疑問，陳老師希望學生內化兩個恆久的歷史教訓：「國內派系戰爭會導致人民大規模遷徙，以尋求安全與足夠的生存條件」以及「接納難民的國家面對援助或同化難民的複雜問題」。陳老師設計出以下學習經驗，以幫助學生內化支持上述理解的事實資訊，然後學到歷史的教訓。

競賽：我們可能解決世界性問題嗎？

我們班上準備要參加一項全國性的高中競賽，今年競賽的焦點是發掘戰爭與衝突導致大規模遷徙的形成原因以及複雜性。我們的班隊需要回應2015 至 2016 年引發人民從敘利亞和伊拉克向歐洲國家大規模遷徙的社會、政治及經濟議題，還有對接受這些移民的國家產生的影響。

我們要分兩組來處理這個問題，第一組：運用事實證據（factual evidence），你們要能夠運用一個概念（concept）來完成以下這個句子的後段，創造一個通則（generalization）：「國內派系戰爭會導致人民大規模的遷徙以尋求……」我期望你們能從研究的事實中產生至少八至十個概念。

第二組：運用事實證據，你們要能夠用一個概念來完成這個句子的結尾：「接納大量逃離戰亂難民的國家需要解決……問題。」同樣的，你們必須引述一個概念來完成你們的通則，並由 2015 至 2016 年人民從敘利亞和伊拉克向歐洲國家大規模遷徙的事實中找到證據以驗證每個概念。

最後，兩組要對全班報告通則以及研究發現，然後全班一起發展出解決這個複雜的世界性議題的可能方案，送交競賽主辦單位。

思考的教室採用概念為本的課程與教學設計模式，這些模式本來就比傳統模式複雜，因為概念為本的模式除了獲得知識也注重智識的啟發。

概念為本的課程與教學設計有**三個維度**，亦即課程與教學聚焦於學生上完課之後能夠：

- **知道**（*Know*，事實性）
- **理解**（*Understand*，概念性）
- **會做**（*Do*，技能純熟的）

　　傳統的課程與教學大都聚焦於學生知道以及會做的**二維度**設計；這種模式建立在一個誤導的假設上：知道事實就是深入概念性理解的證據。圖 1.1 比較了二維度與三維度兩種課程與教學模式。

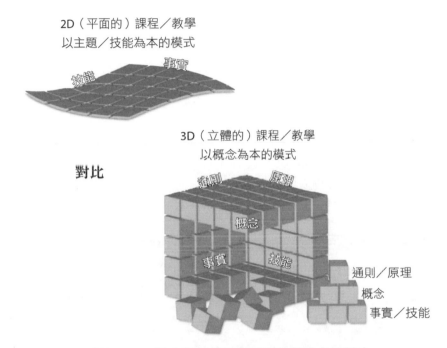

2D（平面的）課程／教學
以主題／技能為本的模式

技能　事實

3D（立體的）課程／教學
以概念為本的模式

對比

通則　原理

概念

事實　技能

通則／原理

概念

事實／技能

▶ 圖 1.1・二維度與三維度課程與教學模式的對比

來源：H. Lynn Erickson, 2012. 出版於 Erickson and Lanning, 2014.

　　讓我們從表現指標開始考慮，以下是各項歷史學科標準中典型的期望：

・ 辨認世界上不同區域的經濟性差異。

・ 比較過去到現在科技的變遷。

　　這兩個表現指標，是用重視內容「目標」的傳統形式，也就是動詞加上主題的方式撰寫，其假設為完成這些目標的能力表現就是理解的證據，但是如同

前述，這樣的表現指標沒有把學生帶到高深歷史教訓駐足的第三維度概念性理解。學生研究並記憶了各個區域經濟差異的事實，但思考卻戛然而止！試看下面這個任務如何達到第三維度。

　　運用可遷移的理解（不受時間侷限、又有事實內容支持的想法）進行推論，以完成下面句子：

* 辨認世界上不同區域的經濟性差異，**據以理解**……
* 比較過去到現在科技的變遷，**據以理解**……

你認為這兩個表現指標的撰寫者期望國中學生在事實之上理解到達什麼層次？以下是一些可能的結尾：

* 辨認世界上不同區域的經濟性差異，**據以理解**……地理與自然資源有助於塑造一個區域的經濟發展潛力。
* 比較過去到現在科技的變遷，**據以理解**……進步的科技改變了一個社會的社會與經濟模式。

　　我們不能逕自假設傳統教學能夠幫助學生達到概念性層次的理解，事實上，我們經年累月引導老師們撰寫概念性理解的經驗顯示，教到概念層次是需要演練的技術，從事實知識中向外推演出深度理解並非易事，它涉及超越事實與技能之上的思考，以通往關鍵性並且可以遷移的理解。也涉及在內心操弄語言與句法以清楚、簡潔、有力的表達出概念性理解。當老師開始這種撰寫歷程時，他們都說：「這件事很難！」雖然學習曲線陡峭，只要稍加演練，老師們會對自己精雕細琢出的理解引以為榮。

　　成為一位三維度的概念為本教師，是一趟融合教與學最佳實務典範，以及

對腦神經科學為本的教學法（brain-based pedagogy）理解漸增的旅程，但我們還有更多要學，所以讓我們繼續走下去。

運作中的腦

腦的重量大約只有 1.36 公斤，但可別因此而小看了它驅動人體的神奇能力。沒有腦，我們不能思考、行動、感覺或溝通！從 1990 年代起，認知科學已經在解剖學、腦部功能，以及神經科學對教與學的啟發等方面產出意義重大的研究（Eagleman, 2015; Sousa, 2011b, 2015; Sylwester, 2015; Wolfe, 2010）。

大衛·蘇薩（David A. Sousa, 2011a）在《學習景觀》（LEARNing Landscapes）一書中有段評論，他告訴我們研究者已經獲得許多關於腦如何學習的資訊，因此誕生了「教育神經科學」或「心智、腦與教育科學」（p. 38）這一門新興的學術研究。這段評論總括了蘇薩在《腦如何學習》（How the Brain Learns, 2011b）這本著作第四版中詳述的要點，因而值得一讀。我們要強調他特別談到的一點：最近的研究發現改變了我們對工作記憶的容量限制的瞭解，這一點對教育意義重大：

> 啟示：最近的研究指出工作記憶的容量，也就是腦部一次可以記得的事物數量，不明所以的從大約七項減少到大約五項。因此，在課堂上，老師應該少呈現一些事物，還得要學生多討論這些事物的細節，這樣學生才可能記得。換言之，教得少才學得多（less is more）。這樣做很難，因為學校課程中的資訊量似乎有增無減。因此，不如檢視課程，刪掉那些無關學生在今日社會得以成功的內容，然後把時間花在深入鑽研更有意義的題材上。（Sousa, 2011a, p. 40）

> 「在課堂上,老師應該少呈現一些事物,還得要學生多討論這些事物的細節,這樣學生才可能記得。」——大衛·蘇薩

連同蘇薩書中其他內容,這一點強化了概念為本的課程與教學的一個重要原則:當圍繞著學科重要、可遷移的理解組織課程時,挑選佐證這些想法(理解)的相關事實或技能就容易多了。

不像一堆悲觀失望的教育性標題,蘇薩認為此刻其實是一個令教育界振奮的時刻,而這要歸功於教育神經科學貢獻的新資訊。北美與其他國家的數所大學已經成立專門的研究中心,以檢視神經科學的發現如何可能影響教育實務。因為還有許多未知等待我們學習,所以我們要保持警醒別拋棄常識判斷,但誠如蘇薩所言:「同時⋯⋯我們從來都不知道這麼多關於學生如何學習,以及我們做什麼可以使學生成功學習的資訊」(p. 42)。

當你繼續研讀概念為本的課程與教學時,你將看到我們的課程設計如何呈現並支持與腦部相關的當代研究,以及這些研究對教學方法的啟發。如同本章開始描述的思考的教室,當樂趣回歸到學生的學習時,真誠的興奮就會出現。

綜效性思考

為什麼老師年復一年盡心盡力、毫不懈怠的教了又教,但是孩子記不住、不會遷移、無法獲得我們期許的學習?身為專職教師,我們在過去幾十年的工作中曾經攀登頂峰也曾跌落谷底,現在我們知道問題的一些癥結:整體而言,或許孩子無法達到預期學業標準最重要的原因,是老師拿到的課程教材思維淺薄,無法吸引高層次的思考。接下來要闡述我們的理由並提出改善的建議。

榮恩·睿察(Ron Ritchhart, 2015)告訴我們:「教學的目標除了發展對內容的理解,首要在於思考的精進」(p. 33),這個強大的理念揭示於他的新書

（我們的最愛之一）：《創造思考的文化：真實轉化學校必須掌握的八種力量》（*Creating Cultures of Thinking: The 8 Forces We Must Master to Truly Transform Our Schools*），睿察區別了理解與知識這兩個詞彙，一如琳恩・艾瑞克森多年之前做的（及本書共同作者現在做的！）。這個區別的重要性在於它對課程設計與教學方法的重要啟示，傳統學校與教育研究幾乎只重視幫助學生獲取知識——技能及事實，依課程計畫與課本悉心安排井然有序的學習單、字彙，以及一長串學生必須知道的主題與技能，就二十一世紀的複雜程度而言，這種著重二維度的課程成效不彰；從本章前述陳老師的課程所研究的複雜議題可見一斑。

發展知識基礎固然重要，但其中大部分屬於低層次的認知作業，為了刺激更深奧、更複雜的思考，我們需要創造腦部較簡單跟較複雜的處理中心之間的**綜效**（synergy），這種交互影響的綜效（interactive synergy）需要思維處理兩種認知層次的資訊：事實或簡單技能層次（較低）以及概念層次（較高）。概念性思維運用事實與技能作為工具，以區辨模式（patterns）、關聯（connections），以及深入可遷移的理解，「理解需要知識，但超越其上」（Ritchhart, 2015, p. 47）。

> 「理解需要知識，但超越其上。」——榮恩・睿察

什麼是綜效性思考（synergistic thinking）？綜效性思考是發生於腦部較低與較高階層處理中心之間交互作用的能量（Erickson, 2008, p. 72），為了啟發智識並提高學習動機，課程與教學必須刻意的創造介於較低層次（事實／技能）以及較高層次（概念）之間學生思考的「綜效」。產生意義需要較低與較高階層思考的交互作用，意味著課程與教學設計需要安排這種交互激盪。

在事實與概念思考層次之間，安排綜效性交互激盪的課程與教學模式，對智識啟發至為重要。智識的精密發展在腦中跨越突觸分支舞動，繼而決定了表現的品質。身為教育工作者，我們負有設計舞步的責任。

概念為本的課程提高了課程設計、教學與評量的標竿，當學科的主要概念與概念性想法成為學習的「驅動力」，我們就引領學生進入跨越不同情境遷移的深度理解。基礎性技能與重要內容知識（事實）仍然是概念為本課程的重要組成成分，然而，概念使技能與事實的學習變得攸關而重要，概念為本的課程設計也支撐學生的思考與學習的留存（Lanning, 2013）。因為概念性理解需要有內容知識作為基礎，因此課程的概念性架構至為關鍵，但反之未必為真。以這種方式設計課程，老師清楚的知道每個年度學生必須精熟的概念與理解。

問題是課程教材絕少為了系統化安排智識性綜效而設計，雖然上課會講到概念也為概念下定義，但看起來像是「喔，順便提到……」這樣可有可無的事後補充。概念為本的課程設計提供學生需要理解的明確目標，因此教育工作者在創造教學單元時，會更刻意的提升到概念與知識或技能之間的交互激盪，或所謂的綜效性思考。下一節將討論並展示課程設計與教學中**概念透鏡**（conceptual lens）的運用，以提供老師創造智識性綜效的明確策略。

概念透鏡的威力

概念為本的教師知道如何改編基本的課程教材成為深度理解的基礎。怎麼做呢？運用學科的核心概念來組織並排列出資訊的先後順序，使老師能夠為學生繪製出思考的路徑。約翰‧哈堤（John Hattie）說我們通常需要先學會一個「衣架」（或高階層概念），然後把新知識掛上去（Hattie & Yates, 2014, p. 115）。思維難以和沒有結構的資料產生連結，概念透鏡運用一個構想或概念（通常是宏觀概念）帶出學習的焦點與深度，以引導理解的遷移並確保綜效性思考發生（Erickson, 2008, p.105）。在概念為本的課程中，概念透鏡正是第一層的「衣架」，老師藉著概念透鏡邀請學生帶著自己的想法進入當下的學習。

一起來看看如何運用概念透鏡的例子。珍娜‧卡迪斯（Janet Kaduce）在高中教到大屠殺單元，她邀請學生以**人道**與**非人道**的雙重概念透鏡思考這類事件。

概念透鏡是在腦部較低層次的處理中心與概念性處理中心之間建立綜效的媒介，學生必須處理事實性資訊與**人道**和**非人道**兩個概念的關係，因此必須深入思考。為了活化這種智識性綜效，珍娜在教學歷程中運用引導問題。概念為本的教師學習三種不同的問題型態（事實性、概念性、可辯論性），以及如何彈性的運用於教學歷程，引導學生由特定主題或事例開始思考，以達到深入的概念性理解。引導問題在第二章有更詳盡的討論，且讓我們瞧瞧在這一課可以運用的幾個提問。

◆ 事實性問題（Factual Questions）

為什麼大屠殺是世界歷史的重大事件？

納粹黨人心存什麼信念驅動他們的行動？

哪些事件導致希特勒政權崛起？

◆ 概念性問題（Conceptual Questions）

經濟、政治與社會情勢如何形塑人道與非人道的看法？

為什麼靜默常常會助長不人道的行動？

個人的信念、價值觀以及觀點，如何與人道和非人道的看法產生關聯？

◆ 可辯論性問題（Debatable Question）

一個人可能受過教化（civilized）但不人道嗎？（解釋答案。）

因為概念透鏡要求學生運用智識在更深入的層次處理事實資訊，他們會把事實資訊記憶得更久。此外，因為學生受邀把自己的思考帶進事實的學習，因而更能夠產生個人化的意義，這樣的邀請使他們投入情感，個人的身心投資帶動了學習的動機。

表 1.1 提供可能的概念透鏡列表，課程撰寫者可以協同決定用什麼概念透

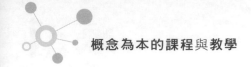

鏡以吸引學生的概念性思維，此表並非完整無缺，老師可以選擇與專業學科緊密連結的概念透鏡。老師希望帶進研究的焦點建議了特定的透鏡，因此我們幾乎總是從單元標題開始，然後就選定透鏡。要注意在表 1.1 中的某些透鏡非常廣泛而抽象（宏觀概念），例如**系統**（system）或**變化**（change），而其他的則較為明確特定（微觀概念），例如**比例**（proportionality）或**主角**（heros）。再次強調，透鏡反映了學習單元特別的概念性焦點。

表 1.1 | 概念透鏡的樣本

衝突（Conflict）	複雜性（Complexity）
信念／價值觀（Beliefs/Values）	悖論（Paradox）
互相依存（Interdependence）	互動（Interactions）
自由（Freedom）	轉化（Transformations）
認同（Identity）	模式（Patterns）
關係（Relationships）	起源（Origins）
變化（Change）	革命（Revolution）
觀點（Perspective）	改革（Reform）
權力（Power）	影響（Influence）
系統（System）	平衡（Balance）
結構／功能（Structure/Function）	創新（Innovation）
設計（Design）	特殊才能（Genius）
主角（Heros）	效益（Utility）
力、武力（Force）	創造力（Creativity）
比例（Proportionality）	

嘗試以下活動以體驗概念透鏡的威力：

1. 從你教授的課程中想出兩個特定單元。

2. 從表 1.1 列表中，為每個課程單元選擇一個可能的概念透鏡。

現在，試著改變每個單元原來選擇的透鏡，換個不同的透鏡。

注意改變透鏡如何改變了學習的思考焦點。

你認為哪一個透鏡最能吸引（或挑戰）學生投入？

學習單元	可能的透鏡	可能的透鏡
A.	1.	2.
B.	1.	2.

反思性（後設認知）的思考：你是否注意到概念透鏡如何邀請你帶著個人的智識進入學習？個人智識的投入是否增強了你的動機以及對學習的興趣？

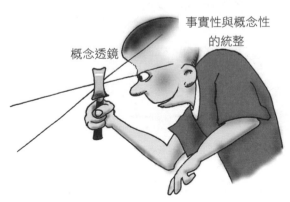

概念透鏡

事實性與概念性的統整

▶ 圖 1.2 · 概念透鏡

來源：David Ford Cartoons, davidford4@comcast.net. 經許可使用。

思考的統整

當我們能夠提升到事實與基本技能之上，看出相關概念、原理以及通則之間的模式與連結；而且我們能夠理解學習中深入可以遷移的重點時，我們可以說我們的思考已經**統整**於概念層次。思考的統整必須是課程與教學有意識的設計目標。

統整不只涉及我們如何將主題組織在課程單元中，更是一個認知的過程（Erickson & Lanning, 2014, p. 85）。只要有概念透鏡或焦點來促進綜效性思考：較低階與較高階思考之間的交互激盪，統整可能發生於跨學科（interdisciplinary）與學科內（intradisciplinary）的脈絡中。綜效性思考的歷程導致認知的統整或思想的綜合——展現於可以穿透時代、跨越文化、跨越事例遷移的概念性理解。例如，在標題為「全球化經濟」的單元中，以**複雜性**作為概念透鏡邀請學生思考全球化經濟下，特定事實與單元概念透鏡**複雜性**之間的關係。綜效性思考的歷程在建構穿透時代遷移的概念性理解時達到頂點，當學生能夠說明通則，例如「我們理解……政治勢力在國際間的轉移可能重新校準相關國家之間的經濟關係」時。他們思想的綜合變成明確可見，而且反映出思考的統整。

事實性　概念性

統整的思考

綜效性思考導向思考的統整

▶ 圖 1.3・統整的思考

來源：David Ford Cartoons, davidford4@comcast.net. 經許可使用。

　　除了運用概念透鏡以統整思考，運用歸納式教學以達到概念性理解（通則及原理）也促進了思考的統整，這些概念性想法經常被引述為「持久的理解」（enduring understandings）（Wiggins & McTighe, 2011）、「核心理解」（essential understandings）（Erickson, 1995, 2002），或「大概念」（big ideas）這個當代教育術語，而國際文憑組織（International Baccalaureate, IB）則稱這些概念性理解為「核心概念」（central ideas）以及「探究陳述」（statements of inquiry）。

　　想想這個通則：「藝術家常利用色彩調和的組合創造出情緒的複雜性」，這是一個從馬諦斯靜物畫大膽而活潑的色彩反映出自信與愉悅，到畢卡索憂鬱期的晦暗色調等實際事例支持的綜合性思考。第二章「知識性結構與歷程性結構」將深入探討概念性理解，並強調對教、學以及智識發展的重要性。

學習的遷移

　　將知識與技能遷移到新的或類似情境的能力，是深度理解與高階思考的證據。柏金斯和所羅門（Lanning, 2009）在討論遷移時，以「近端或抄近路（near or low road）與遠端或繞遠路（far or high road）」區分了遷移到新脈絡的兩種學習路徑。如果問題和任務非常類似，學習的遷移輕而易舉則被稱為**近端遷移**（near transfer），例如用開轎車的技能去開一輛不熟悉的卡車。**遠端遷移**（far transfer）指嘗試遷移學習到另一個脈絡，但需要深度思考、知識以及謹慎的分析才能夠產生兩種學習情境之間的連結感，例如：用電力系統運作的知識去引導循環系統中靜脈與動脈網絡的理解（Lanning, 2009），這樣的遷移最能夠幫助學生在這個複雜的世界導航。概念為本的課程與教學（CBCI）刻意設計以促成繞遠路的遷移，而且不讓遷移隨機發生。

> 概念為本的課程與教學（**CBCI**）刻意設計以促成繞遠路的遷移，而且不讓遷移隨機發生。

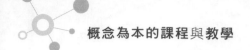

採取全部教完（coverage）模式的傳統課程設計，重視記憶勝於思考的統整與學習的遷移，老師視這些高階思考為學生課堂中靈光乍現迸出的急智，於是老師急切的傳送電郵給同事：「你絕不會相信今天我們在討論全球人口過剩問題時，羅勃跟金恩說出的深思和洞見。」但是，統整的思考與遷移應該是教室裡的家常便飯而不是特例，**產生意義**也不只是操作相關主題的實作活動或學習字面上的意思。產生意義包含了低階與高階思考的交互激盪，這也意味著課程與教學的設計需要安排這樣的交互激盪。

由批判性思考基金會（Foundation for Critical Thinking）出版的《批判性思考手冊》（*Critical Thinking Handbook*），在第二章「使批判性思考直觀化」中，作者李察・保羅（Richard Paul）說：「直觀性理解幫助我們深入連接抽象思考與具體應用之間的鴻溝」（1997, p. 20）。他因而呼籲各個教育階段都要教學生孕育直觀性理解的方法，他認為：

> 如果我們做我們應該做到的：聚焦於培養學生在抽象與具體之間自在而深思的穿梭往返能力，學生將很快的發展出想像力，並且是有紀律的想像……會產生說明抽象的實例。事實上，所有的學生都經驗過數以百計重要的抽象真理與原則的情境實例。但他們從來沒有被要求從經驗中深入發掘，找出事證並想像實例，用來說明這個或那個原理，這個或那個抽象概念。
>
> 　這樣的結果就是沒有紀律和未經啟發的想像力與不明確，其實是含糊不清的概念與原理的結合……錯失的是介於概念與知覺之間、想法與經驗之間、印象與真實之間的直觀性綜合思考（intuitive synthesis）。（Paul, 1997, p. 36）

我們認同保羅的看法：在教與學中常常欠缺直觀性綜合思考。直觀性綜合思考是思想統整的重要成分，但我們不同意問題源自於老師，是含糊不清的課

程設計造成含糊不清的思考。老師自己花了很多時間規劃並準備教學,他們都想使出看家本領,但事實是太多學校繼續提供無法支持遠端遷移的低層次課程教材。有些老師延伸對完善教學的理解重新設計教學單元以克服現實問題,看到越來越多學校在課程與教學中致力於建立概念架構也令人鼓舞,可惜這樣的老師和學校還不是常態,這也是我們看到學生有顯著學習落差的部分原因。

啟發智識

 ## 智識品格與智識傾向

學校在智識啟發上扮演重要的角色,但榮恩・睿察在《智識品格》(*Intellectual Character*, 2002)一書中睿智的觀察到:

> 學校……〔是〕形式重於實質,廣度重於深度,而速度則凌駕一切……我們已經淪落到課程錯、課本錯、標準錯、目標錯,而考試竟然成了教育的終點而不是達到終點的方法。(pp. xxi, 8)

睿察(Ritchhart, 2002)警告我們教錯了:我們該做的是聚焦於孕育「智識傾向」(intellectual dispositions)以發展出強力的「智識品格」(intellectual character)(p. 10),睿察將**智識品格**定義為經久形塑而外顯的行為、思考以及互動「模式」(p. 9)。他以創造性思考(思維開放、好奇)、批判性思考(追求真理與理解、策略性、懷疑的),以及反思性(後設認知)思考等構成**智識傾向**的想法(p. 27)。

許多教育工作者認為,達到學業標準的壓力使趕進度變成必要之惡,所以

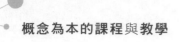

沒有足夠的時間去發展「智識品格」，但我們可別忘記教育的目標，教育不只要獲得豐富資訊或學會一堆不相干的技能，事實上，社會的

> 徒有資訊但缺乏智識則毫無意義。

存續仰賴機智而有創意的回應社會、經濟、政治以及環境等問題的能力，徒有資訊但缺乏智識則毫無意義。

我們同時能夠滿足學業標準設定的目標，又可以持續聚焦於智識的開展，其秘訣在於課程與教學的設計，也在於老師們有意願學習並操作啟發智識傾向的策略。三維度概念為本的課程與教學（CBCI）提供了啟發學生智識傾向的強力架構。

◆ 1. 創造性思考

創造性思考領域是反思性思考與批判性思考的終極表現，因而令人神往。周旋於問題複雜的世界，創造性思考變得越來越重要，然而今日的教育工作者比以往更加憂慮重視高利害關係測驗（high-stakes testing）導致學校課程的窄化，我們認同這些憂慮，概念為本的課程與教學（CBCI）幫助學生達到新標準的期望，但不以犧牲學生的創造性思考為代價。

有時候一般人不瞭解創造性思考真正的重要性，認為對學校非屬必要而排斥它，為了幫助我們把創造性思考的價值說清楚，我們要聽聽榮恩・睿察怎麼說。他認為心智開放（open-mindedness）與好奇心（curiosity）的傾向是創造性思考的組成元素（Ritchhart, 2002, p. 28）。心智開放有賴於對輸入資訊進行批判性反思的能力，考慮並「玩味」替代性觀點，並且直觀而彈性的尋找元素間的關聯以及模式。而好奇心則驅動智能的開展，好奇心是「打開」學習的開關，以及運用創意解決問題的閘門。

▶ 圖 1.4 · 創造性思考

來源：David Ford Cartoons, davidford4@comcast.net. 經許可使用。

　　另一位深入鑽研創造力的著名作家是肯・羅賓森爵士（Sir Ken Robinson），
2006 年他在 TED 所發表的演講《學校是否扼殺了創造力》（*Do Schools Kill
Creativity*），是關於創造力的討論中觀看次數最多者之一。他那時陳述的理念至今
仍然切中時弊，他提出的論點之一是在今日的教育中，創造力跟讀寫能力一樣重
要，學校應該像教讀寫一樣的教創造力。不幸的是，近年的教育政策使教學更加
遠離這個理念。羅賓森堅信如果你不打算犯錯，你永遠無法產出任何原創性事
物，作業、課堂討論以及評量只獎勵正確答案而非思考，因而製造出怕犯錯的學
習者。但羅賓森也警告，他的意思不是說犯錯跟有創造力是同一回事：

　　我們明確知道如果你不打算犯錯，你永遠無法產出任何原創性事
　　物……我們汙名化錯誤，而且我們現在把教育系統經營成犯錯是萬惡
　　之首，結果就是我們教學生失去創造的潛力……我熱切相信這一點，
　　我們不是越大越有創造力，而是越大越沒有創造力，或者這樣說，我
　　們被教得失去創造力。

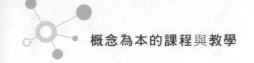

我們也不同意到最後答案還錯是一件好事，概念為本的課程與教學推崇讓學生思考、處理、統整、討論，包括犯錯都是學習中自然存在的一部分；換言之，這種方式讓創造性思考在學習歷程中占有一席之地，老師的責任是以輔導、提問、給予有意義的回饋，像設計理解學習內容一樣的設計精進思考的任務，以指導學生有效思考。終極目標是期望學生建構能夠反映學習中重要、可遷移概念的理解，還要瞭解自己如何達到這樣的理解。

雖然所有的學科都受惠於運用創造性思考於問題解決，創造性思考特別是藝術的泉源。科學幫助人們瞭解並解釋自然界的現象以建構世界，藝術則更進一步讓學生創造並分享對物質世界以及社會文化世界的個人化詮釋，因此，看到學校減少藝術課程以增加反覆練習讀死書又是一個警訊。

> 創造性思考是獨特而創新的產品、文化表現，以及全球性問題解答的源頭。

創造性思考是個人化的**意義**建構。創造性思考運用想像力，以及形狀、聲音、色彩、字詞、想法……帶著玩心東修西補，創造性思考是獨特而創新的產品、文化表現，以及全球性問題解答的源頭。

在所有學科中，藝術最為開放沒有限制，雖然為了提供製作與評析用語，仍有正式的概念與原則結構，藝術比任何其他學科更能激發創造性思維，而創造性思維發展認知的彈性，能夠以多元觀點檢視情境、目標以及議題，進而對頑強的問題提出創新的解決方案。因此，藝術除了在個人性與社會性的文化與情感表達方面具備固有價值，就作為發展創造性思考的有效工具而言，藝術在時下學校的地位具有更高的重要性。正如羅賓森（Robinson, 2013）再次囑咐我們的，「藝術之重要不只在於幫助數學考得更好，藝術之重要在於跟孩子的生命中無人觸及的區塊對話。」世界的未來依賴創造性、批判性、概念性以及反思性思考的結合，殆無疑義。

◆ 2. 批判性思考

批判性思考是什麼？在諸多定義中我們唯獨傾心於榮恩・睿察（Ritchhart, 2002, p. 29）所言，包括「尋求真理與理解、具有策略性、又處處存疑」等傾向作為批判性思考的組成元素，誰能反駁這些屬性不是在當今世界成功導航所需要的基本要素？公民們每天被未必有事實支持的各種觀點與意見淹沒，批判思考者不帶成見的查明這些看法的基礎以及有效性，以評估湧入的資訊，他們在所有的事實浮現之前對資訊保持健康的懷疑態度，他們在自己的偏見進入情境的評估時有所覺察，在考量證據時努力制止自己受偏見影響。批判思考者運用邏輯解決問題，他們有策略的規劃以釐清問題以及問題的構成成分，思考替代性解決方案的可行性，並設計時間表與一套步驟來解決問題。

批判性思考者知道不同思考形式的價值，那麼，哪種思考有價值呢？以下是榮恩・睿察（Ritchhart, 2015）的自問自答：

> 自然的，這要依據學習的脈絡而定，但廣義而言，我們希望學生熟練幾種思考形式，以發展自己對事物的理解。
>
> 例如：
>
> ・提出**問題**，找出難解的問題，對學習標的或想法的奧秘或意涵感到好奇
>
> ・在事物之間產生**連結**，比較與對比包括學科內、跨學科以及自己先備知識之間的連結
>
> ・以自己持續發展的知識與理解為基礎，建立持續演化的**解釋**、詮釋與理論
>
> ・以不同**觀點**與替代性看法檢視事物，分辨出偏頗想法，然後發展出對議題、想法以及事件更加平衡的評價
>
> ・持續注意、觀察、**密切注視**，以完全感知細節、微小差異、隱藏

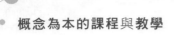
的面向，並觀察到底發生了什麼，作為自己詮釋以及理論的基礎
證據

- 辨認並蒐集證據，**根據證據論證**以檢驗並支持自己的詮釋、預
測、理論、主張以及解釋

- 深入探查以**揭露一個主題的複雜度**和挑戰，並深入事物的表層之
下，只有表面的理解時有自知之明

- 能夠**捕捉到事物的核心**或本質來弄清楚到底是怎麼回事（pp. 31-
32）

　　最後，學生要瞭解如何成為一個批判性思考者，而且批判性思考的學習經
驗必須鑲嵌在每一個學科領域。學生如果不知道批判性思考的所有傾向，就會
暴露於隨便編造事理以及粗淺理解的風險中。

▶ 圖 1.5・沒有智識的資訊

來源：David Ford Cartoons, davidford4@comcast.net. 經許可使用。

◆ 3. 反思性（後設認知）思考

李察・保羅與琳達・艾爾得（Linda Elder）是知名的批判性思考權威，兩人在批判性思考領域最偉大的貢獻之一，是在《批判性思考的微縮導引：概念與工具》（*The Miniature Guide to Critical Thinking: Concepts and Tools*）一書中提供的一套智識性標準（Paul & Elder, 2014, pp. 12-13）。如同其他形式的批判性思考，概念性思考之旅也需要持續的後設認知作業。

思考的後設認知評估需要智識性標準，老師們可以運用保羅和艾爾得的作品，以幫助學生反思自己思考能力的品質與進度。我們在後設性思考這個領域還有太多工作可做，這些智識性標準是一個扎實的起始點。

表 1.2｜聚焦於智識性標準的問題

清晰（Clarity）	可以請你更詳盡的說明嗎？
	可以請你提供一個實例嗎？
	可以請你舉例說明你的意思嗎？
正確（Accuracy）	我們如何查證它？
	我們如何查明它是不是真的？
	我們如何驗證或測試它？
精確（Precision）	可以請你更具體的說明嗎？
	可以請你告訴我更多細節嗎？
	可以請你更精確的說明嗎？
相關（Relevance）	那跟等待解決的問題有什麼關係？
	那對處理這個問題有什麼影響？
	那對處理這個議題有什麼幫助？

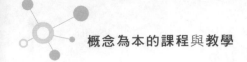

深度（Depth）	哪些因素使它變成困難的問題？
	這個問題的複雜性有哪些？
	我們需要處理的困難有哪些？
廣度（Breadth）	我們是否需要從另一種觀點再檢視一次？
	我們是否需要考慮另一種看法？
	我們是否需要用其他方式再檢視一次？
邏輯（Logic）	這些放在一起合理嗎？
	你寫的第一段跟最後一段是連貫一致的嗎？
	你說的是從證據推論來的嗎？
重要（Significance）	這是需要考慮的最重要問題嗎？
	這是要聚焦的中心想法嗎？
	這些事實中哪幾個最重要？
公平（Fairness）	在這個議題上我有沒有任何既得利益？
	我是否感同身受的表達出其他人的看法？

來源：Paul, R. W., & Elder, Linda. (2012). *The Thinkers Guide to the Nature and Functions of Critical and Creative Thinking*. Tomales, CA: Foundation for Critical Thinking. www.criticalthinking.org.（原文於 2004 年出版）經許可使用。

　　再次重申，我們想要傳遞的訊息是，發展學生的思考這個學習目標跟掌握學習內容一樣重要，概念為本的課程與教學（CBCI）使雙管齊下的目標變成事實，我們當老師的舌粲蓮花設法鼓吹這些思考方法是一回事，讓學生逐漸產生更深刻的覺察，知道思考在培養自己的理解所扮演的重要角色又是另一回事。通常學生對於可以用來形成並指引自己思考策略的知識所知不多，學習困難的學生尤其如此，欠缺這些知識，他們很可能變成低效能、較不獨立、較不

投入、而且後設認知薄弱的學習者（Ritchhart, Church, & Morrison, 2011）。

◆ 4. 概念性思考

　　雖然睿察和保羅在智識運作的討論中沒有區分出概念性思考這個領域，但包含批判性、創造性以及後設認知思考等面向的概念性思考是公認的思考形式。概念性思考需要批判的檢驗事實資訊，將新的學習連結到既有知識，看出模式與關聯，在概念層次提取出重要理解，根據支持的證據評估理解是否屬實，跨越時間與情境遷移理解，以及經常有創意的運用概念性思考解決問題，或發明新產品、新流程或新想法等能力。這本書致力於幫助教育工作者暸解概念性思考的本質、對全面性智識發展的重要性，以及如何調整課程與教學來發展這種複雜的思考形式。

　　學生的想法無可避免的受到我們發出關於思考價值的訊息牽引，藉著提出問題以及學生想要調查的主題，我們有機會專心觀察人如何透徹思考問題、議題或困難內容。我們周詳細心的幫助學生學習如何成為獨立的分析者、問題解決者以及思考者，藉著明確的示範並設計需要智識運作的學習任務，我們不只幫學生常規性的掌握思考，我們也提供了讓學生有效而嚴苛的評估自己的論證，以及在想法、情境與事例之間產生連結的工具。

各學科的思考與操作方法

　　行筆至此，本章已經概括討論了不同的思考種類，但每種學科（藝術、數學等）憑藉各自獨特的歷程、工具以及路徑產生意義。在我們和許多藝術專家的討論中，聽到學科深度與高品質問題解決之間關聯的共同信念。概念為本的課程與教學（CBCI）強調**依學科**系統化的逐年級建構知識、概念性理解，以及歷程與技能的重要性。藝術教師們同意，也經常告訴我們，源自深入而個人

化的學習經驗所形成的學生行為、思考及互動模式，日久會導致學科的求知與實作方式。藝術家、科學家、數學家以及社會科學家，各自以符合學科本質的方式觀察、動手處理，進而解決問題。

許多其他學科領域的專家也都倡導，提供學生學科領域「實作者」體驗的課程與教學設計，這意味著老師必須熟悉學科的認識、理解以及操作的方法，這樣老師就能夠設計出學科領域的學習經驗，以發展獨到的問題解決方法以及洞見。這並不是說學生的學習必須一直限制在學科「框架」內，相反的，有時候要透過**跨學科**的觀點檢視問題與議題以賦予學生兼具廣度與深度的理解，然而事實是跨學科課程的強度，不會高於其中單一學科內容、概念以及帶進學習中方法的強度。所以我們對課程設計者和老師的建議是：有系統的逐年級拓展學科的認識、理解以及操作，然後用等待解決的複雜問題，或需要瞭解的議題吸引學生投入，這樣來鼓勵學生彈性的把學科知識與歷程運用在跨學科研究中。

會思考的教師和學生

如果發展學生的智識是主要目標，那麼老師的批判性、反思性、創造性以及概念性思考能力的重要性乃無庸置疑。在概念為本的工作坊中，我們欣慰的看到老師們在學科領域的思考凌駕事實與技能之上，並且抓緊教學內容的「如何？」（How）、「為何？」（Why）以及「會怎樣⋯⋯」（So What），工作坊結束時一再聽到的是「我用腦過度燒壞了！」但老師們同時又說他們迫不及待的想衝回教室運用工作坊所學。起先，我們驚異於為什麼老師們先說思考很難，

> 學生因為善用思維而對自我感覺滿意。

但在工作坊中又展現無比熱忱，然後有個想法衝擊了我們：人是有智慧的物種，我們生來就會思考。而且當我

們成功的善用思維時，我們覺得自己有智慧；受到激勵去學習更多，這個重要的前提也適用於學生，學生同樣因為善用思維而對自我感覺滿意。

有些時候，老師到了工作坊就急著辨認自己的教學中哪些是概念為本的教學，因而覺得獲得肯定，之後他們在前進中將獲得更深入的理解並擴展教學實務。其他老師可能帶著負面的成見進到工作坊，但當他們發現事實與技能在廣義的智識性規劃中仍然被視為重要元素時，他們會鬆口氣然後放心的學習。有些老師害怕自己抓不到工作坊呈現的概念而心懷惶恐，但在離去時常常留下這樣的回饋：「我還得多想想概念為本的教學，但我知道我辦得到！」

會思考的老師以激發學生思考為主要目標，他們瞭解為什麼社會這麼關心學生是否學會批判性、反思性、創意性以及概念性思考。讓我們引述艾爾得和保羅睿智的建言作為本節的結語。

許多內容的教法可以幫學生像思考者般進步，然而，如果我們當真要做，我們必須明確聚焦於智識性思維，並且掌握學生必須經歷的階段。我們和學生必須承認，我們都是逐漸發展成為思考者，我們之中任何人的進步也都直接依據智識性知識與承諾的程度而定。換句話講，如果我想要開發自己的批判性思考能力，我必須能夠「發現」我的思考，也必須理智的主導思考。為了成為思考者，我必須許下重諾。

為什麼這麼重要？精確的說，如果任由腦子自動運轉，人的思維會追求最便捷、最不費力以及最符合私利的路徑，同時會自然抗拒難以理解、錯綜複雜，以及需要進入別人的思考與預測的思維。

因為這些原因，身為老師以及教育工作者，我們發現自己在教室內和教室外進行的「思考」非常重要，包含那些帶給我們麻煩以及讓我們成長的思考。身為教育工作者，我們必須把思考——高品質的思考當作我們的最高使命，因為高品質的思考是我們生命品質的根本決

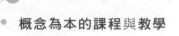

定因素，當然也是學生們生命品質的根本決定因素。我們自己在成為思考者的某個發展階段，我們的學生們也在成為思考者的某些發展階段，當我們都是發展中的思考者來一起學習時，我們共同尋求提升思考到更高層次，然後再上一層樓，每個人都會獲益，這樣學校教育就達到預期的目標：一個發現終身學習威力的地方。這應該是我們幫助所有學生孕育的中心目標：開始思考，練習思考，成為持續進步的思考者。（Elder & Paul, 2010）

總彙

本章以「思考的教室」為主題，提醒我們如果想要幫助年輕人做好面對二十一世紀複雜生活的準備，啟發智識必須是重要的教育目標。思考的教室看起來不一樣，聽起來也不一樣，這些教室裡的老師瞭解如何運用概念把學生的想法**統整**到更深入的層次：可以遷移到不同文化、情境以及不同時代的理解。

本章扼要敘述了腦部如何運作，接著說明概念透鏡在低層次思考與概念層次思考之間創造綜效的威力。本章也談了思考的啟發，我們特別彰顯了李察‧保羅、琳達‧艾爾得以及榮恩‧睿察的理念，這些理念幫助學生運用後設認知以評量自己思考歷程的品質。榮恩‧睿察「智識傾向」的想法將批判性、創造性以及反思性思考的觀點整合在一起；而我們則把概念性思考加進他的彙總表。最後，我們提醒若循著學科的認識與操作途徑發展，智識傾向將獲得廣度與深度，在跨學科統整或學科內統整的脈絡中將更為如虎添翼。

第二章將藉由展示知識與歷程如何建構，舉例說明低階層次與概念層次知識、思考以及理解的差異，以延伸對簡單與複雜思考的理解。

延伸思考

❶ 你會如何描述你的教室？試寫一段「教室快照」。

❷ 你認為你的教室是以概念為本嗎？為什麼是？為什麼不是？

❸ 你可以想出多少個理由支持概念為本的課程與教學？

❹ 本章如何連結綜效性思考以及思維中的低階層次與概念層次？

❺ 為什麼本章認為統整是一個高階層次的認知功能？

❻ 概念透鏡如何促進思考的統整？

❼ 為什麼概念性遷移是深度理解的重要指標？

❽ 你如何能夠滿足學業標準的意圖，又不犧牲智識品格的發展？

❾ 學生如何可能運用智識性標準（正確、清晰、相關、深度等）改善他們的反思性（後設認知）思考？

❿ 為什麼本章所呈現的理念對社會以及世界的未來很重要？

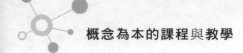

知識性結構與
歷程性結構

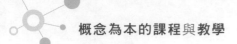

　　如同動物界與植物界有所區分，學校的每個學科都有自己固有的結構。事實上，所有的系統都有自然的組織方式，如果沒有特定的結構，不同系統之間的差異將難以界定。例如：阿米巴原蟲和人猿都被歸類為動物，但是當你想要瞭解兩者更精確的相似點、相異點以及彼此的關係時，這樣的分類幫不了你。

　　在 1950 到 1960 年代深具影響力與洞見的教育家西爾得‧塔巴（Hilda Taba），針對社會研究學科中知識抽象程度與組織的不同層次提出了明確解釋，並且倡議教學重於概念與**主要想法**（main ideas：可遷移的概念性理解）的深度理解，不只把心思放在粗淺的教完事實資訊（Taba, 1966）。

　　本章致力於釐清知識性結構與歷程性結構，我們考量的原因包括：

- 高品質的課程與教學設計需要瞭解這兩種結構不同的層次，以及這些不同的層次在課程設計、教學與學習中的交互激盪。
- 師資培育機構藉著確保未來老師對知識與歷程如何建構，以及這些結構與教、學、智識啟發之間的關係具備基本瞭解，得以幫助老師們做好教學準備。
- 把動詞帶動的傳統學習目標列表改變成學生必須**知道**（重要事實知識）、**理解**（通則與原理），以及**會做**（歷程或技能）的明確陳述，使學業標準與課程教材得以提升師生智識的標準。傳統教學中的自然科學與經濟學致力於達到概念層次的理解，但歷史、數學、語言藝術與多數其他學科的課程設計則尚未以此為目標。

知識性結構
Erickson, © 1995

歷程性結構
Lanning,© 2012

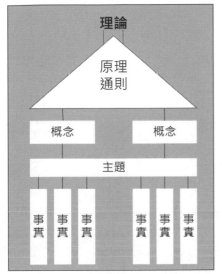
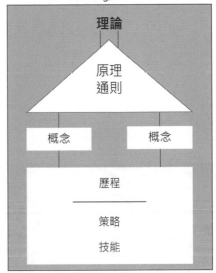

▶ 圖 2.1・知識性結構與歷程性結構

來源：Erickson & Lanning (2014).

　　圖 2.1 是知識性結構與歷程性結構的視覺化呈現，接下來我們要一起檢視這兩種結構。

知識性結構

　　知識性結構圖顯示教學中**主題**（topics）與**事實**（facts）之間的關係，而**概念**（concepts）則從事實與主題中提取而得，概念導出的**通則**（generalizations）與**原理**（principles）則是由兩個或更多的概念合併起來構成表達理解的一句話，通則與原理能夠穿透時間、跨越文化、跨越情境而**遷移**（transfer）。再往上就到了理論（theory）的層次，我們教理論，特別是在進階課程中教理論，

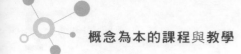

但我們在概念與通則的層次還有許多未完成的工作,因此本書聚焦於概念、通則,以及它們與課程中事實內容的關係。

圖 2.2 A—C 以學科為基礎顯示知識性結構圖不同層次的例子,研究一下這些圖形示例,看你是否能夠清楚說明**主題**與**概念**的差別,以及**事實**與**通則**的不同。

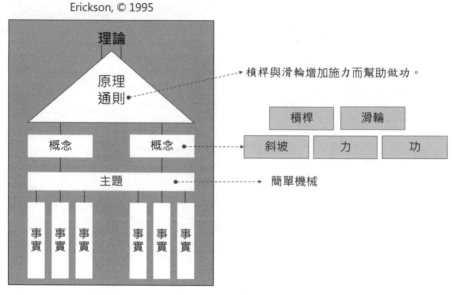

▶ 圖 2.2A · 自然科學示例

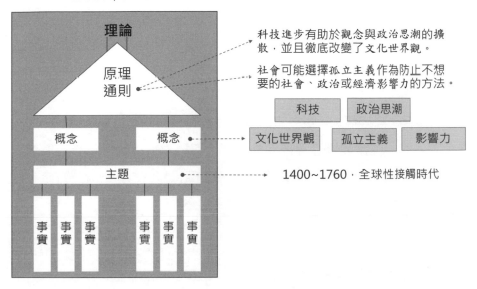

▶ 圖 2.2B・社會研究示例

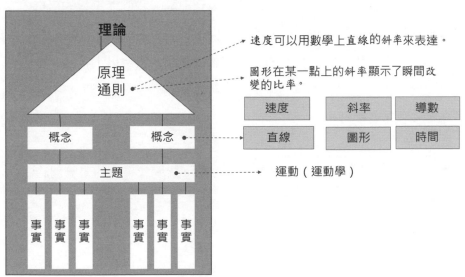

▶ 圖 2.2C・數學示例

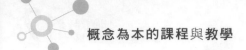

◆ 數學科主題與概念的註解

就數學而言，其知識性結構遠比偏重主題的學科，例如歷史更具有概念性，所以當數學老師在考量如何編寫主題或單元標題時，其實也在辨認較廣泛的組織概念〔參見圖 2.2C「運動（運動學）」舉例〕。數學的結構之所以不同於歷史，在於其固有的概念性很強，數學是概念、次概念，以及概念與次概念之間關係的語言。數、模式、度量、統計等是最廣義的概念組織單位，在這些宏觀概念下各有一些微觀概念，例如**數**這個宏觀概念被拆解成較小的概念：加、減、乘等等，然後再做更細的拆解。數學老師也妥適的把概念的特定事例視為他們的「事實」（例如：2+2=4、π=3.14）。

 ## 知識性結構的組成元素

所以，這些知識性結構的示例有什麼共通點呢？雖然內容不一樣，但每個學科依循著一致的結構。注意我們從結構底部一路向上進行以找出通則與原理：從事實與主題到概念，到通則與原理，再到理論。我們從重要的事實內容向外推演形成概念與通則，使我們的想法具備堅實的根基。為了瞭解知識性結構不同的組成元素，我們要更細緻的探察定義與事例，根據以下定義，檢視你對主題與概念之間，以及事實與通則之間差異的理解。本書資源 A 中另外提供術語彙編以便讀者參考。

主題（Topics）把一套關於特定人物、地點、情境或事物的事實組合在一起，主題提供了學習單元的脈絡背景。

主題**不能遷移**，主題與特定的真實事例有關。

示例：

· 亞馬遜雨林的生態系統

· 歐洲對當前難民危機的反應

- 數學的表達式與方程式
- 畢卡索：藝術與影響

事實（Facts）是人物、地點、情境或事物的特定實例，事實提供支持通則與原理的例證，事實**不能遷移**，**事實被**鎖定在時間、地點或情境之中。

（示例：）

- 亞馬遜雨林的熱帶本質創造了稠密的生態系統。
- 2 + 2 = 4、3 + 1 = 4
- 六加一寫作常規（Six + 1 writing traits）
- 日本政府是　個君主立憲政體。

概念（Concepts）是從主題中提取、而且符合以下基準的心智構念：不受時間限制、一兩個字或一個短的詞句、普世性，以及（不同程度的）抽象化；每個概念都有具備共同屬性的各種不同事例；概念**可以遷移**，也因為具有可推論性（generalizability），概念展現比主題更高的抽象性。但概念有不同的概化程度、抽象程度以及複雜程度，因此概念有宏觀與微觀之別。

（示例：）

- 系統
- 順序
- 棲地
- 價值
- 線性函數

通則（Generalizations）是兩個或更多的概念陳述於一個表達關係的句子，通則可以穿透時間、跨越文化、跨越情境而遷移。通則符合以下基準：一般而言普世性適用、不受時間限制、（不同程度的）抽象化、得到不同（情境性）

事例的支持。通則就是文獻中又稱為持久的或核心的理解，或大概念的概念性
理解。通則必須通過事實的檢證與支持，如果這個陳述是一個重要的想法但不
在所有的情境都成立時，通則或多或少需要加上保留用語（**通常** [often]、**可以**
[can]、**可能** [may]）。

示例：

- 有機體順應變化的環境以求生存。
- 個人或事件可能創造歷史的重大轉捩點。
- 質數的結合可以表達一個合數。

原理（Principles）是學科中被視為基礎性「真理」的通則（例如數學定理
或自然定律），原理在句子裡不加保留用語（**通常、可以、可能**），如同普世
通用的通則，原理在教育圈也被引述為「持久或核心的理解」或者「大概念」。

示例：

- 當供給降低時，成本提高；當供給提高時，成本降低。
- 沒有作用力時，物體靜者恆靜，而沿著直線等速運動的物體會永遠保
  持直線等速運動。
- 任何持續保持直線狀態的直線將會無限延伸。

理論（Theories）是用來解釋現象或者實務的假定或一套概念性想法，理
論得到最佳證據而非絕對事實的支持。

示例：

- 宇宙緣起的大爆炸理論（big bang theory）
- 早期人類遷徙的陸橋理論（land bridge theory）
- 化學的價殼層電子對互斥理論（valence shell electron-pair repulsion model,
  VSEPR）

▶ 圖 2.3・恐龍：普世而永恆

來源：David Ford Cartoons, davidford4@comcast.net. 經許可使用。

歷程性結構

　　如同前述，有些老師仍然依賴出版商告訴他們要教什麼技能與事實，或依賴一套書單來應付規定的上課時間。把歷程性學科拆解成一個個需要記憶的技能進行教學會出現許多問題，例如：語文課一週又一週，用一個又一個問題把學生硬卡在單一文本上──班上許多學生可能沒有興趣的一個文本──無益於促進理解，事實上，是把寶貴的時間花在微小的學習收穫上。當我們測驗學生孤立、不連續的技能，或要求學生一再重新咀嚼事實時，他們可能在傳統考試得到高分，但無力把任何能力遷移到下一篇文本或不同的學習情境，這些衝突的經驗使得學生莫衷一是，導致學生不是放棄就是更加用功，但終將因為欠缺理解而徒勞無功（Lanning, 2013）。

　　想要打破這個惡性循環，提升課程設計的水準是重要的第一步。課程設計要確實找出與歷程、內容連結的概念性理解，以此引導教學與評量。在教學上，運用歸納式教學與探究法以引導學生產生概念性理解，不只創造了深度理

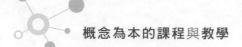

解,並且藉由刺激低階層次與高階層次概念思考之間的綜效性思考,啟發了個人的智能。學生因為個人的思考受到重視而投入個人智力,進而提升學習的動機。當學生理解時,他們便能夠留存更多記憶並遷移他們的學習。學生可能會複述特定書籍的資訊並執行常規性寫作技能,但如果沒有深度的概念

> 當學生理解時,他們便能夠留存更多記憶並遷移他們的學習。

性理解,他們永遠不會思考、表現,或成為更有能力、更有信心的閱讀者與寫作者。

前節討論的知識性結構說明了知識組成元素之間的關係,社會研究和自然科學這些具有豐厚內容知識的學科,順理成章的歸屬於知識性結構。

圖 2.4 A—E 顯示以技能為基礎的學科示例,這些示例所屬的學科由歷程性結構組成。一如知識性結構,歷程性結構也代表了由低階認知層次上升到概念性理解層次的思考階層。換言之,歷程性結構從某個歷程的特定策略與技能開始,向上建構出這個歷程中重要可遷移想法的深度理解。語文、音樂與藝術等學科一向重視歷程、策略及技能的學習與表現,唯獨欠缺概念性理解,而概念性理解賦予這些操作攸關性並支持學習的留存(Lanning, 2013)。

在每個圖形示例顯示的通則之外,每個課程單元還會包括更多關於學習內容的可遷移理解(通則)以及重要歷程。

歷程性結構的組成元素

歷程性結構舉例說明技能、策略、歷程、概念、通則與原理之間的關係。當我們達到這種結構中的概念層次,就已經從「做」推進到「理解」**為什麼**我們這樣做。所以概念不是「做」的動作——例如:運用一個歷程、策略或技能——雖然概念可能是從每一

> 把歷程、策略與技能視為幫助學生投入並且探索學習內容的工具。

個操作中提取出來作為理解的基礎；就解釋歷程性結構的目的，應該把**歷程**、**策略**與**技能**視為幫助學生投入並且探索學習內容的工具。

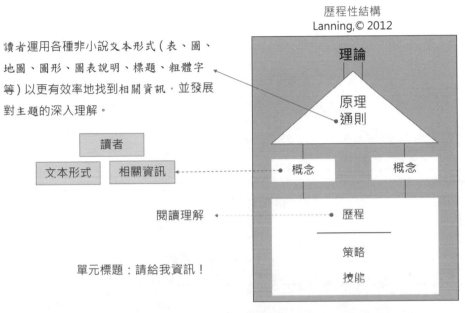

▶ 圖 2.4A・英文語言藝術

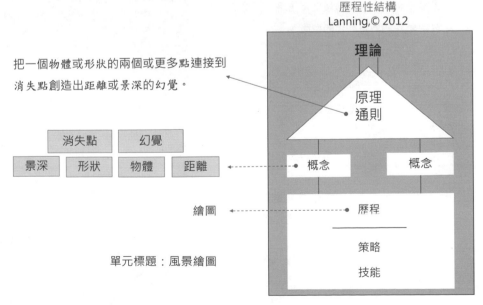

▶ 圖 2.4B・美術

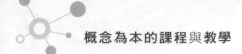

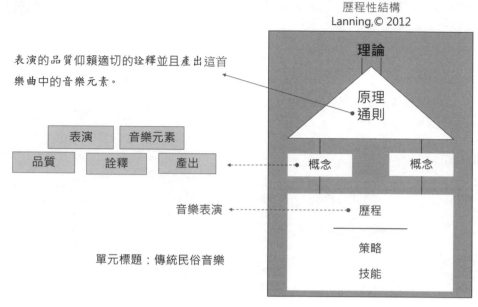

表演的品質仰賴適切的詮釋並且產出這首
樂曲中的音樂元素。

歷程性結構
Lanning,© 2012

理論

原理
通則

表演　音樂元素
品質　詮釋　產出　　　→　概念　　　　概念

音樂表演　←　歷程

策略

技能

單元標題：傳統民俗音樂

▶ 圖 2.4C・音樂

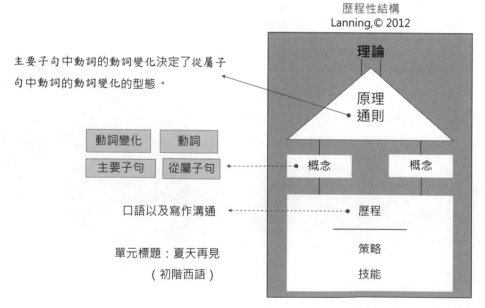

主要子句中動詞的動詞變化決定了從屬子
句中動詞的動詞變化的型態。

歷程性結構
Lanning,© 2012

理論

原理
通則

動詞變化　動詞
主要子句　從屬子句　←　概念　　　　概念

口語以及寫作溝通　←　歷程

策略

技能

單元標題：夏天再見
（初階西語）

▶ 圖 2.4D・世界語言

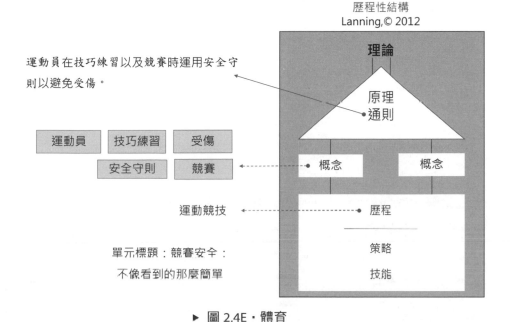

▶ 圖 2.4E · 體育

歷程性結構的組成元素逐一定義如後：

◆ 1. 歷程、策略與技能

在此結構的底部，亦即歷程性結構的最低層次，包括**歷程**、**策略**與**技能**，三者都包括在底層成分中。其中歷程的範圍最廣也最複雜，然後是策略，最後是技能。因為歷程中的概念可能從三者之一被提取出來，這些動作在圖例中被群聚在一起。

歷程（Process）：歷程是產生結果的動作，歷程連續而沿著步驟前進，在這個過程中輸入（教材、資訊、別人的建議、時間等）可能會轉變（transform）或改變歷程流動的方式。歷程界定了要完成什麼；歷程是連續的，而且只在有介入發生時才會停止，結果的品質可能依輸入（如同前述）而定。在歷程的各個不同步驟，輸入可能轉變歷程展開的方式，結果因而可能萌生與原先計畫或期望不同的特性。

示例：

- 寫作歷程
- 閱讀理解歷程
- 問題解決歷程
- 科學歷程
- 研究歷程

策略（Strategies）：可以把策略想像成學習者有意識的順應並監控，以改善學習表現的系統性計畫（Harris & Hodges, 1995）。每個策略中都有許多因情境而異的技能，因此策略有其複雜性。為了有效採取策略，我們需要掌控多種支持此策略的技能，流暢而彈性的運用這些技能，並且適度的整合其他相關的技能與策略。

示例：

- 自我調節（self-regulation）
- 表格的條列化與整理
- 任務界定（task definition）
- 預測（projection）

技能（Skills）：技能是鑲嵌於策略中較小的操作或動作，當運用得當時，將「使得」策略奏效。技能是更加複雜策略的基礎。

示例：

- **自我調節**策略中的技能包括：知道閱讀目的、回顧、再次閱讀、交叉比對、預測、確認、釐清以及修正。
- **條列化與表格整理**的技能包括：辨認重要資訊、決定組合、列出可能方法、尋找模式、清點項目。

◆ 2. 概念

歷程性結構的下一個層次是由一、兩個字（名詞）代表的**概念**，其特徵為從內容（主題）中，或從正在學習的複雜歷程、策略與技能中提取出來的心理構念或想法；概念用以書寫單元結束時我們希望學生對理解的陳述（statements of understanding），亦即通則。與前節知識性結構的定義一致：概念不受時間限制、穿越日益複雜奧妙的時代提供經驗中的智慧；因為概念具有普世性，代表性的例子可能穿透時間、跨越情境衍生而出。

> 示例：
> - 個性刻畫（characterization）
> - 認同（identity）
> - 對稱（symmetry）
> - 推論（inference）
> - 韻律（rhythm）

終於，我們來到圖形上方的三角形：

◆ 3. 通則

這些是代表思想彙總的陳述，通則回答了攸關性的問題：「我的學習結果會讓我理解什麼？」「我的學習結果中哪些可以遷移到新的情境？」再正式定義一次，通則是兩個或更多的概念陳述於一個表達關係的句子。遇到對所學習的學科重要，但沒有到達跨越情境都可以驗證時，通則需要在陳述中加入保留語詞。為了避免用詞或術語的混淆，在書面課程設計中只有**通則**一詞會出現，我們也不擔心理解的陳述應該是原理還是通則這樣的判斷問題，因為這不是重點；重點是弄清楚我希望學生在學習單元結束時所產生重要、可遷移的理解。

<u>示例：</u>

- 田野筆記必須對實地活動有正確而且詳細的說明（例如：調查、觀察、想法、日期、地點以及狀況），其他人因而可以檢證並觀察長期的變化。
- 寫作者常常創造一個人物的內在與外在衝突，藉以隱含關於人生或人性的深層訊息。
- 蒐集、組織及詮釋資訊有助於生成預測以及解決問題。

原理：原理的定義是一個被視為基礎規則或真理的通則，例如藝術的原理及音樂的原理，界定了每種學科的核心組成成分，以英文語言藝術而言，有些人會認為語言的文法或慣用法等規範性規則是原理。

<u>示例：</u>

- 在時間流動中，聲響和靜默的模式產生了韻律。
- 創造對稱的平衡必須在設計的兩邊使用相似的元素。
- 文法的基本規則建立了許多語言的標準結構。

◆ **4. 理論**

理論是用以解釋現象或實務的一個假說或一套概念性想法。

<u>示例：</u>

- 文法結構的習得依照可預測的順序進行。
- 所有美學系統的起點必定是個人特別的情緒經驗。

你可以看到知識性結構與歷程性結構兩者都包括**理論、概念**及**通則／原理**等術語，這些術語在兩種結構中的定義相同，代表的關係也相同。

知識與歷程之間的關係

我們之中的大多數，還有許多我們的學生，不幸的，已經忘了大部分學校教的內容，我們傾向於記得我們**不**瞭解的部分，以及它們讓我們感覺多麼不舒服，要不就只記得過去學習的片段，而這些片段學習又充滿了迷思概念。我們之中有多少人還記得解多項方程式的所有步驟？大部分都忘了，因為當我們在高中解多項方程式時，我們看不出這個任務跟真實世界有任何關聯。老實講，我們上一次解多項方程式是什麼時候呢？八成就在高中！我們也常被記憶打敗，因為在學多項方程式時，我們不曾真正瞭解公式或規則背後的概念，我們只是「操作」演算法而沒有理解（Lanning, 2013）。

環繞著概念性單元標題組織一個概念為本的課程——像「一個人的認同感如何發展？」——支持與學生有連結又有趣的學習。接著，當老師透過真實體驗進行教學，在其中反映出學生最可能會在未來持續用到的知識與歷程時，理解自然會更上層

> 當老師透過真實體驗進行教學，在其中反映出學生最可能會在未來持續用到的知識與歷程時，理解自然會更上層樓。

樓。最後，如果課程設計刺激學生思考、反思、負起學習的責任，他們會更有動機去學習，學習經驗因而更容易記憶。

在任何學科中，有效的課程單元通常反映了知識性與歷程性兩種結構，在不同程度上對確保理解的深度均屬必要。在一個課程單元中有多少個概念跟通則出自知識性結構、多少個出自歷程性結構，則是依據對課程的想法、內容以及歷程而定。

讓我們一起看看圖 2.5A，迅速用這個例子說明前述意旨。在這個小學階段名為「神話人物」的語言藝術單元中，你將會看到一個（或兩個）直接從此

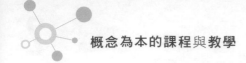

單元使用的各種文本（民俗故事、神話、寓言）中提取出的通則，因為這個通則反映了學習內容中的重要想法，所以符合知識性結構。

然而，如果英文語言藝術教學只聚焦在單元文本中發現的想法，那麼語言藝術學科的重要學習期望將會被忽視。為了確保學生成為有效的閱讀者、寫作者、閱覽者、演說者或研究者，我們必須處理歷程性結構的概念性理解。因此，在這個單元你將發現圖 2.5B 與 2.5C 中其他的歷程性通則。

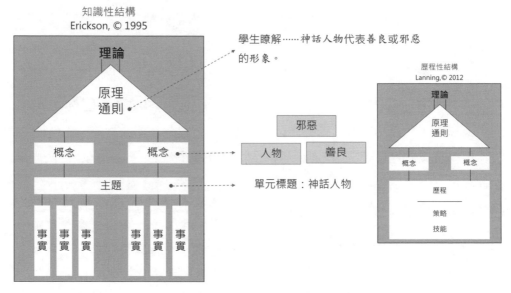

▶ 圖 2.5A・知識性結構：神話人物

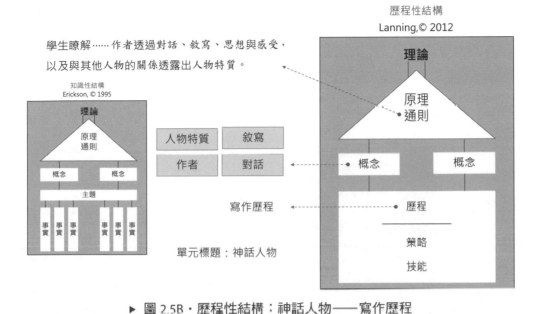

▶ 圖 2.5B・歷程性結構：神話人物──寫作歷程

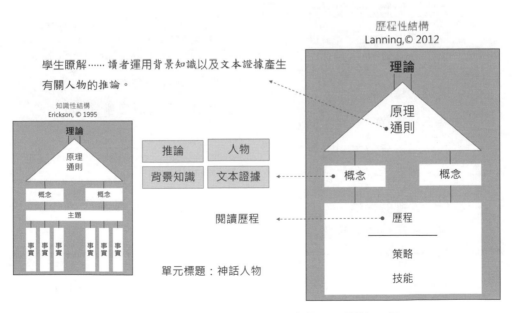

▶ 圖 2.5C・歷程性結構：神話人物──閱讀歷程

教育工作者的範式轉移

　　為了形塑概念性思維，教育工作者需要進行範式的轉移：利用主題、事實與技能，用歸納法教出概念、通則與原理；也就是說主題、事實與技能是支持的工具，而不是學習的最終目的。這句話有以下兩個重點。

1. 用歸納法教學意味著學生在**引導**下理解概念、原理與通則，而不是像教事實那樣直白的教通則與原理，因為那樣會剝奪學生徹底思考事物而達到深度理解的機會，這也是概念為本的課程與教學重視建構主義與探究式學習的原因。學生長大成人後，不會有人跟他們說什麼是大概念，他們必須獨立分析資訊以推演出對情境與事件的深度理解，老師必須幫助學生學習這種跨越的能力，這意味著在進入課堂教學之前，老師自己必須能夠清楚說明引導學生學

> 學生長大成人後，不會有人跟他們說什麼是大概念，他們必須獨立分析資訊以推演出對情境與事件的深度理解。

　習的焦點概念與想法，這樣才能幫到學生。這也是傳統課程計畫無法提供老師的關鍵支持。傳統課程計畫列出的**學習目標**過多——以動詞接著主題或概念表達——那只是**假設**這樣教可以達到概念性理解，但我們不能假設有教就一定會產生深度的概念性理解。概念為本的課程計畫會明確說明重要的概念與通則，作為概念為本教學的指南針來支持老師。

2. 運用主題、事實與技能作為支持的工具而不是最終目的，這樣將會扎實的提升學業與教學標準。學生還是要學習事實跟技能，這可以運用

直接講述和示範達成；但教學最終將聚焦於發展學生深度的概念性理解，這樣就賦予事實性知識的學習攸關性與目的感。問題是，許多老師仍然認為自己的工作以教完事實與技能為主，如果你問一位高中歷史老師：「你為什麼要教美國內戰？」你可能會聽到一個關於特定事實的回應，例如：「這樣我的學生會瞭解北方和南方在蓄奴議題上的不同觀點。」而一個概念為本的老師則會回答：「這樣我的學生會瞭解歷史上的重要課題……內戰可能因為堅持不同信念與價值造成的觀念衝突而引爆。」這位老師會引導學生把美國內戰當成工具而不是學習的終點，來達成這樣的理解，這是啟發學生深度理解以及吸引個人智識投入的一個具體事例。老師的確教了事實也考了事實，但這位老師還帶領學生進行超越事實的思考。哪一位老師啟發了學生的智識？

在《人如何學習：腦、思維、經驗與學校》（*How People Learn: Brain, Mind, Experience, and School*, 2000）一書中，約翰・布蘭斯福（John Bransford）、安・布朗（Ann Brown）與朗尼・高京（Rodney Cocking）對教與學的科學發表了影響重大而深具洞察力的彙總。他們探討了不同領域的新手跟專家如何組織知識，並解釋概念性腦部基模（brain schema）如何影響一個人領悟與呈現問題的能力。「專家」的思考似乎環繞著大概念而組織，例如物理學的牛頓第二運動定律以及如何應用；而新手則傾向於認為問題解決靠記憶、回憶及套公式等來處理物理問題（Bransford, Brown, & Cocking, 2000, pp. 37-38）。作者們的結論是堅實的事實知識基礎對思考與問題解決固然重要，因為人不能空想，但是，專家藉環繞著關鍵概念連結並組織知識，把知識變得有用，關鍵概念還可以引導學生適切的遷移到其他的情境或脈絡。舉個例子：如果有人想在涉及太平洋周邊十二個國家的環太平洋夥伴協定（Trans-Pacific Partnership）中採取立場，他需要知道的不只包括特定的貿易關係、外銷產品及國外採購等事實，他還需要瞭解成本效益比率、國家貿易逆差、貿易平衡等經濟與數學的概念，以及經濟實力

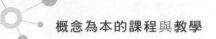

仰賴政治實力這些概念。布蘭斯福等人明白的提醒我們：「專家的知識環繞著重要想法或概念這個事實提醒我們，課程也應該用透過引導以產生概念性理解的方式設計」（2000, p. 42）。

改變成概念為本的三維度模式這種範式轉移並非易事，這樣的轉移近似於一年級小朋友領悟了聲音與符號的連結、字與句的關係，以及印刷品有意義的事實，他終於瞭解閱讀的真實意義，老師會說：「這個禮拜湯米的閱讀開竅了！」同樣的情形適用於老師瞭解知識性與歷程性結構，與課程設計及教學的重要關係。深度理解與智識啟發仰賴個別老師啟動學生的學習。

有時候老師想用直接講述法去教事實知識或特殊策略與技能，有時候老師的目標是讓學生學習、甚至記憶特定的內容或演練特定的技能。本書強調更頻繁的把教與學提升到事實或基本技能層次之上，因為一不小心很容易讓二維度課程設計與直接講述法接管教室。結果就是太多學生從未深入瞭解統整性的重要課程概念與想法，學生也不瞭解概念性理解的價值，而概念性理解正是深度理解的關鍵。

現在我們瞭解教育需要增加引導學生產生重要概念性理解的時間比例，腦部具備強大概念性結構的孩子更能夠處理湧入的海量資訊，也更會遷移（運用）他們的理解。

逐年塑造概念性理解

概念代表了不同層次的概化程度與複雜度，每種學科都有從宏觀到微觀之間的概念，宏觀概念諸如系統（system）、變化（change）及順序（order）等常被稱為「統整性概念」（integrating concepts），因為它們範圍廣而且包含許多不同的事例，某些宏觀概念可能具有跨學科的關聯性，而某些則具有學科內的關聯性。如果我大致瞭解系統是什麼，以及某種系統如何運作，我就可以更有準

備的去辨別、預期並理解不同型態的系統（例如：社會、經濟與環境）；換言之，我的系統概念可以遷移。這些宏觀概念的重要性在於為建構知識提供了最廣義的分類，每個學科各有一套反映中心思想的宏觀概念。如同前述，某些宏觀概念可能具有跨學科的重要性，譬如**變化**就是所有學科都有的宏觀概念，但也有些宏觀概念與特定學科有較深的關聯（譬如戲劇中聲音、動作、人物及主題等是宏觀概念，許多這類宏觀概念也適用於文學以及其他視覺與表演藝術，但不能自然而然的遷移到自然科學或數學）。

因為宏觀概念具有最大的可遷移性，許多老師認為它們最為適切，結果圍繞著這些宏觀概念寫出的大概念**實在**太大了，諸如：「系統需要互相依存」或「變化促進成長」。當這些宏觀的概念成為教學的主要目標時，微觀概念的價值就被忽略了。

宏觀概念提供理解的**廣度**，而微觀概念奠定理解的**深度**，微觀概念反映出特定學科的深入知識，學科領域的「專家」對微觀概念以及微觀概念之間的關係擁有最高的掌握度，需要專家知識才能連結學科的微觀概念與較廣的構成概念（詳表 2.1），因此概念為本的課程刻意的在每一年級納入較多微觀概念，以持續發展學生在學科領域的專家知識。

表 2.1 | 宏觀與微觀概念示例

宏觀概念	微觀概念	
變化（change）	微生物（microorganism）	棲位（niche）
系統（system）	負電性（electronegativity）	規模（magnitude）
順序（order）	斜率（slope）	線性函數（linear function）
互相依存（interdependence）	價值（value）	強度（intensity）
聲音（voice）	聲調（tone）	音高（pitch）

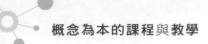

　　留意學生發展專家知識的教育工作者，會持續延伸學生對學科相關微觀概念的掌握程度，專家跟那些對主題或歷程只有一般性理解的學習者的區別，在於專家瞭解微觀概念之間的微妙關係。這些微觀概念用來撰寫單元的通則，而可遷移的通則是表達概念性關係的陳述，如果我們依照學科逐年說明這些概念性理解，我們將看到強大、以概念為中心，又有事實內容支持的課程萌生。

　　表 2.2 分享了各個年級概念性理解的示例（通則）。句子中的概念用標楷體表示。注意通則中概念的複雜度逐年增加，想想學生需要引用什麼事實內容與／或技能作為概念性理解的證據，並考量這些概念穿透時間並跨越文化以及情境的可遷移性。

表 2.2｜單元通則（概念性理解）

	2 年級	4 年級	8 年級	11 年級
社會研究	社區成員合作以滿足需要與想要。	人類順應並改變環境以因應變動的需要與想要。	人類發展並改善工具與科技，更有效率地提高效能以應付變動的需要與想要。	當社會發展與其他區域的交通與貿易網絡，社會、經濟與政治的互動導致既競爭又合作的社會、經濟與政治關係。
自然科學	活的東西與環境互動。	生物順應於變動的外在環境。	生物占據棲地的特定棲位。	單一物種的數量將成長到塞滿任何它們能夠適應的可用棲地。
數學	數字安排了事物或事件的順序。	數字可以顯示反比關係。	分數、小數點或百分比表達整體中的部分。	指數與對數代表反向的運算。
視覺藝術	線條可以表現情緒或心情。	重複的線條可以隱含質感或模式。	匯聚的線條製造出景深的幻覺。	線條使藝術家得以呈現精緻或力量。
語言藝術寫作技藝	作者選擇特定字詞以表達情緒。	作者用字的選擇足以吸引或趕走讀者。	寫作的對象與目的決定了作者的寫作風格。	清晰、精準、深刻的寫作反映了作者的思考傾向。
主題	觀點塑造行為。	不論真實的與虛構的，在困境中展現勇氣的人物能夠啟發其他人面對逆境。	人們在面對社會不公平時可能選擇順從或改革。	極度的壓力可能導致疏離與孤寂的感受。
結構	作者用開場、中段、結尾來組織故事。	依據時間表組織的自傳與歷史小說引導讀者走過一系列事件。	以提示詞（singal words）辨認文本的組織模式。	重現文本結構的工具（例如圖形組織工具）增進了對文本的記憶與理解。

彙　總

　　瞭解知識與歷程如何建構，為有效的課程與教學設計奠立基礎，不懂這些知識的人不應該從師資培育機構畢業。然而大部分的教育工作者根本沒有學過主題跟概念有什麼不同，或事實、歷程跟通則有什麼不同，他們可能有直觀的認識，但懂不懂就聽天由命了。

　　本章討論了知識性結構與歷程性結構之間的關係，以及這兩種結構在教室實作中如何產生影響。當老師們發現許多課程的教科書與教材僅僅涵蓋最低層次的主題、事實與技能，卻*假設*學生會瞭解深入的概念與原則時，他們開始憂心忡忡。

　　從教材內容延伸、外推出核心概念與通則需要實際操作，因為許多教育工作者從來沒有被要求從教學內容中解析出深度的理解，於是教授理解成了一件苦差事。然而，如果我們的目標是教出勝任複雜層面思考的學生，課程與教學的範式就必須要轉移，這種轉移必須從教完學習目標的教學，轉變為運用事實與技能為工具，以發展對基本概念以及通則產生深度理解的教學。

　　不分學科，概念為本的課程設計辨認學習單元中重要的概念性結構——構成學習中不變本質的那些概念、通則或原理等。老師們迅速的確認數學是必須藉著文字與數字組成的句子來描述概念性關係的語言，老師們也檢視語言藝術等歷程導向的學科，並且看出歷程性結構提供了帶出學科深度的概念性架構。

　　這種改善智識發展以及學業表現的變革需要重新撰寫課程，不只在學區層面也要在全州層面。在跨學科領域的設計中有太多不連貫的學業標準。第三章將說明高品質的概念為本單元設計，並解答關於設計歷程的問題。

延伸思考

❶ 對一位新老師,你將如何解釋知識性結構與歷程性結構中不同的階層?

❷ 為什麼瞭解知識性結構和歷程性結構是高品質的課程設計與教學的關鍵?

❸ 二維度與三維度課程之間的差異是什麼?

❹ 在你的教學中,你和三維度模式的距離有多近?在你的旅程中,「下一步」要做什麼?

❺ 宏觀概念與微觀概念之間的關係與差異是什麼?我們為什麼想要隨著年級擴展學生微觀概念以及相關通則的知識量?

❻ 宏觀概念如何為理解的廣度奠立基礎?微觀概念如何為理解的深度奠立基礎?

❼ 對於運用歷程性結構作為課程撰寫以及概念為本教學的引導,你的回應是什麼?

❽ 在知識性與歷程性結構中,2D 和 3D 的層次在哪裡?

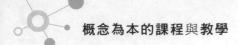

03

設計概念為本的
課程單元

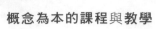

跨學科與學科內單元設計

概念為本的課程單元適用於跨越多個學科的跨學科或在特定學科領域之內的學科內單元,腦部高階與低階處理中心之間的交互激盪,使這兩種單元設計都成為概念為本的課程與教學(CBCI)單元,因為**智識性綜效**(intellectual synergy)已經內建在課程設計之中。

本章開始先介紹概念為本課程單元的設計步驟,並以延伸的解釋與例證輔助說明。接下來深入討論單元網絡及其樣本,單元網絡對單元規劃以及鼓勵教師團隊進行協作性討論至為重要。接著簡短討論學業標準及其在單元規劃中的角色,最後有一個判斷「活動」或「理解的評量」的小測驗。

要提醒讀者:不要拿單元設計步驟直接比對第二章的知識性結構以及歷程性結構,因為許多單元設計的步驟同時反映了兩種結構的構成成分(例如概念與通則);而單元設計的步驟更加具體並且經過審慎的排序。第二章的目的重於解釋知識與歷程如何構成,當你瞭解了那些名詞定義以及彼此的關係後,你已經具備設計高品質課程單元必要的背景知識。

概念為本單元有不同的設計格式,但關鍵的構成元素則具有共通性,請參閱本書資源 D-2 所附的空白單元規劃範本。

概念為本的單元設計步驟

步驟一：

創造單元標題（焦點或脈絡）

單元標題（unit title）提供學習的焦點，以及中心主題或脈絡的名稱。標題揭示了適合年級程度以及季節的重要工作。標題不能像**敲擊鍵盤**或**拼字**這樣欠缺內容的一堆技能，也不能像**熊**、**蘋果**等一個字詞構成但沒有概念性連結的主題。單元標題的敘述要有足夠的字數將學習限制在配課時間範圍內；可以寫成一個簡潔的主題／脈絡，或是生成性、衝擊性的問題形式；可以吸引人注意，但必須跟學習內容有清楚的關係。因為深入而且可以遷移的理解是概念為本課程的目標，而隱含在單元標題中的學科內容則是活化思考、反思及情感投入的第一個機會。蘭寧（Lanning, 2013）討論了強大單元標題的基準，強大的單元標題需……

- 代表真實世界中的兩難事件，刺激思考的想法與風格（內容），以抓住孩子的注意力與好奇心，幫助因無聊而斷線的孩子投入學習。
- 建構在學生的既有知識上，同時挑戰學生的既有知識；不是重現「讀完」就好的內容。
- 激發探究與新的觀點。

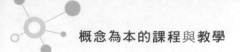

以下是一些薄弱跟強大的標題範例：

薄弱的單元標題：

生命（Life，範圍太廣）　　　植物部位（Plant Parts，範圍太窄）

模式（Patterns，範圍太廣）　標點（Punctuation，範圍太窄）

我們是誰？（Who Are We，範圍太廣）　愛爾蘭馬鈴薯飢荒（The Irish Potato Famine，範圍太窄）

繪畫（Painting，範圍太廣）　殖民時代的詹姆斯敦（Colonial Jamestown，範圍太窄）

火（Fire，不清楚）　　　　權力，權力，權力！（Power, Power, Power, 不清楚）

強大的單元標題：

「我和我自己」（"Me, Myself, and I"）

自然中的模式（Patterns in Nature）

我們是誰：家族的過去與現在（Who Are We: Families Then and Now）

風景繪畫（Landscape Painting）

植物：喔，我們怎麼長大的！（Plants: Oh How We Grow!）

消防安全：救命！（Fire Safety: Help!）

大屠殺：權力會腐蝕人性嗎？（The Holocaust: Can Power Corrupt Humanity?）

單元標題的竅門：

- 標題中用的字越多，就越清楚越聚焦。例如：用「系統」作為單元標題沒有說清楚單元焦點是什麼，而「我們的太陽系：我們在宇宙中的位置在哪兒？」則明確說出了單元的內涵。

- 開始時先確定這一年你會有幾個單元。我們建議一年度的學科要有五到六個單元。單元少可以教得好，考量涵蓋重要內容與技能，以及透過探究歷程產生概念性理解所需要的時間，單元太多會迫使老師走回「全部教完」的趕進度模式。較少的單元和較長的單元學習時間讓學生有豐富的研究以達致單元的通則。接下來，依據前述基準決定每個單元的標題，然後，在開始設計第一個單元之前先草擬出全年度的單元地圖。

步驟二：

找出概念透鏡

　　概念透鏡（conceptual lens）通常是範圍寬廣的宏觀概念，以提供學習的焦點與深度，並確保腦部低階與高階處理中心之間的綜效式思考。

　　先決定單元標題／脈絡再選擇概念透鏡這一點很重要，我們不希望勉強拿教材內容搭配預先想定的透鏡。透鏡用來刺激對單元內容的思考，為單元內容的學習提供一個適切的過濾器或焦點。概念透鏡的例子包括**觀點**（perspective）、**交互作用**（interactions）、**衝突**（conflict）、**意圖**（intent）與**關係**（relationships）等。有時老師可以選擇較窄的

透鏡，例如**原型**（archetype）、**謎團**（enigma）以確保學生對主要概念延伸出深度的理解。在設計單元網絡時，透鏡可以放在單元標題之上或融合在單元標題之中，重點是瞭解透鏡的選擇會改變單元的方向，例如：如果一個單元聚焦於基因改造食品的研究，用**結構與功能**作為透鏡迥異於用**安全與選擇**作為透鏡。你是否看得出來當透鏡改變時，你的思考朝向不同的方向發展？這就是概念透鏡的威力！

步驟三：

辨認單元支線

　　就跨學科單元而言，單元支線（unit strands）代表所涵蓋的各個學科領域。就內容豐富學科的學科內單元而言，支線就是主要的標題，這些標題把學習單元拆解成容易掌握的部分。如果我們把單元標題想成書本的各章名稱，支線就是這一章裡面主要的標題，支線被放在環繞著單元標題的網絡中。

　　在歷程性學科中，單元支線已經預先界定為：「理解」（understanding）、「反應」（responding）、「評析」（critiquing）以及「生成」（producing），以上代表學好歷程的重要面向。同樣的，把支線放在環繞著單元標題的網絡中。

步驟四：
各支線以網狀延伸單元的主題與概念

　　單元網絡提供單元內容與概念的概覽。在此步驟中，課程撰寫者必須透徹思考整個課程單元，編織概念網絡的歷程就是試寫、腦力激盪的活動，這些活動使撰寫者在處理課程單元的重要事實與技能之前，先啟動概念性思維。編織概念網絡的資源包括必要的學業標準、文本、其他單元中可能運用的教材，還有專家的意見。忠實執行此一步驟可以確保支線之下的主題與概念具有深度並且彼此扣合。如果課程撰寫者以前教過這些內容，那就不需要從頭參照原始資料，可以直接進行腦力激盪，讓概念性思考自然流動！之後再參照資料來源以補足缺口並確保校準學業標準。概念網絡編織完成後，在各支線中的概念畫線以利下一步驟搜尋。記得：網絡概覽越完整，通則以及單元其他部分就會更強大（本章接下來會展示更多單元網絡的細節與範本）。

步驟五：
寫出你希望學生從單元學習中推導出的通則（學生在概念層次必須理解什麼）

　　通則是單元學習結束時，學生必須深入理解的關鍵性概念思維。依據年級以及配課時間，一個單元可以教出五個到九個通則，因為**通則可以遷移**，因此不受時間、地點、人物及位置的限制。一個單元要

有一、兩個通則表達對概念透鏡的重要理解,其餘的通則可由各網絡支線內概念的關係中衍生出來,有時候一個通則就涵蓋了一條或多條支線,歷程性學科尤然。學科標準決定了單元將偏重於內容或者歷程,而單元中代表性的主要學科決定此單元中多數的通則將代表對內容的理解或對歷程的理解。例如,一個英文語言藝術單元可能有兩個通則代表對主題或單元內容(文本)的重要理解,但是,多數的通則應該是和學生必須瞭解的**理解歷程**(閱讀/聆聽/閱覽)有關的重要理解,包括**生成**(寫作/講述)、**反應**,以及**評析**此單元使用的文本,這樣才維持了學科的整全性(integrity)。另一方面,社會研究中大部分的通則源自於內容事實,單元中可能包括一、兩個關於歷史學家研究工作的歷程性通則,也就是說,如果單元學習目標期望學生理解重要的歷程,以內容為主的單元也可以發展歷程性的通則。

步驟六:
發展引導問題

引導問題(guiding questions)促使學生朝向通則思考。引導問題應設計成事實性、概念性以及可辯論等類型,每一個通則需要混合三到五個事實性和概念性問題,每個單元也需要一、兩個整體性的可辯論問題。當然老師在教學中還會問其他問題,引導問題的終極目標是引出學生有文本根據、實證根據或論證根據支持的概念性理解。事實性問題鎖定時間、地點或情境,問題特定而且不隨案例遷移,而概念性問題則可以跨越案例遷移,一如通則可以遷移。例如:「國家為什麼尋求擴展經濟實力?」是一個不受時間限制的問題。

　　這是以主題為本（topic-based）的單元和以概念為本（concept-based）的單元之間的另一個重大差異。以主題為基礎的歷史單元提出的幾乎都是事實性問題，因為焦點是符合事實的目標，以概念為基礎的單元則運用事實性、概念性與可辯論等三類問題，目標是利用事實性問題建立知識的基礎，再用概念性問題挑戰學生，把學生的思考「銜接」到更具深度以及可遷移的概念性理解。

步驟七：

辨認關鍵內容（學生必須*知道*什麼）

　　關鍵內容（critical content）是奠定通則基礎的必要性事實知識、單元內容的深化知識，以及界定關於主要歷程與技能，學生可能需要知道的知識。本步驟只要把單元中必須明確教授的知識重點列表，不用寫成完整句子，也不需要用*知道*之外的動詞連接這些關鍵知識。有一種在*知道*之後加上 that（接上一個句子）的趨勢，但是這種做法幾乎都會導致以下錯誤：寫出了一個可遷移的通則，而不是內容。學生必須*知道*的例子包括：

- 歐盟會員國家的名稱
- 不同的寫作慣例
- 世界上主要的生物群聚（biomes）
- 數學名詞的定義，諸如交換率〔commutative property，譯註：a+b=b+a〕以及結合率〔associative property，譯註：（a+b）+c = a+（b+c）〕等。

步驟八：

辨認主要技能（學生必須會做什麼）

　　主要技能（key skills）可以從學業標準或課綱的文字中分析提取，目的是辨認學生在單元學習結束時必須會運用的歷程與技能。主要技能可以跨越不同的應用情境遷移，除了學習經驗或評量之外，也不受限於特定主題，舉例說明如下：「運用文本特徵去理解非小說文本」是可遷移的技能，而「運用文本特徵去理解《動物之書》（*The Animal Book,* Jenkins, 2013）中動物的資訊」則是學習經驗。當我們在書寫學科的專有技能時，不指明特定的應用，而視之為與此學科相關的一般性技能是允當的，學科專有技能的例子如「在座標平面上畫出格點」。

步驟九：

撰寫終點評量以及評分說明或規準

　　單元的終點評量顯示學生對一個（或兩個相輔相成的）重要通則的理解程度，以及在關鍵內容與主要技能方面獲得的知識。終點評量針對的單元通則文句中通常包含概念透鏡，並依照下列特定結構書寫：

什麼（What）：調查……（單元標題或焦點）

為什麼（Why）：為了要瞭解……（接受評量的單元通則）

如何（How）：學生評量任務的敘述

在三維度、概念為本的單元中，**什麼、為什麼、如何**這個規劃公式確保評量任務明確的扣合單元中的關鍵通則，其中**什麼**和**為什麼**是寫給老師看的，而**如何**則說明終點評量任務，是寫給學生看的任務說明。

評分說明或規準指出學生終點任務中作品的評量基準，評分說明提供了「品質表現」（quality performance）的一般性基準，這些基準掌握了對概念性理解（通則）以及重要的內容知識及技能的期望。但評分說明經常漏掉對概念性理解的評量，因此，在準備給老師們共同使用的通用性評分說明時，必須檢驗並確認評分說明的評量基準中包括概念性理解（通則），以及關鍵內容知識與技能。

步驟十：

設計建議的學習經驗

學習經驗確保學生為達到終點評量的期望做好準備，並且反映出學生在單元結束前必須理解、知道、會做什麼。學習經驗必須盡可能真實而有意義，在課程單元規劃中的這個步驟包括調整上課配速、形成性評量、差異化策略，以及單元資源等方面的建議〔作者註：在撰寫課程單元時，要依循威金斯與麥克泰（Wiggins & McTighe, 2011, p.

8）逆向式課程設計的建議，先完成步驟九：設計終點評量，再開始雕琢學習經驗。但是在**最終**出版的書面化單元課程中，設計學習經驗這個部分會放在終點評量敘述之前，以符合單元教學的時間順序〕。

蘭寧（Lanning, 2013）就撰寫單元學習經驗提供了幾個建議（p. 96），彙總如下。首先是一個提醒的備註，這個步驟的目的不是要撰寫老師的細部教學單元計畫，課程單元無須過於規範性，其目的其實更著重以下幾點：

1. 用以溝通學區或學校期望的教學實作（例如，工作坊模式或合作學習）
2. 用以提供調整學習經驗進行速度的建議，使不同教室中的學生得以在相同時程內都準備好終點任務
3. 用以支持成功的遷移
4. 就學生在單元學習結束必須能夠展現的單元通則、關鍵內容以及主要技能之間，溝通出清楚而直接的連結

在表 3.1 的比較中，以主題為本的單元再次聚焦於知道資訊，注意概念為本的課程經驗中有更大的智識挑戰。結合概念方面的期望會吸引學生的個人智識投入並且提高學習動機。

學生必須領會並運用概念性理解與關鍵知識，並發展主要技能，但老師如何帶給學生這些素養則視學生的需求而變。

步驟十一：

撰寫單元概述

單元概述（unit overview）提供資料讓老師在介紹學習單元時跟學生分享，作用像是抓緊學生的興趣與注意力的誘餌，進而激勵學生學得更多。最後才撰寫單元概述，有一種撰寫有趣的單元概述的策略，是設計一串與學習相關而引人入勝的問題，再加上說明課程內容的敘述：「在本單元中，我們將會學習……」。

比較主題為本（Topic-Based）與 概念為本（Concept-Based）的單元

現在你已經熟悉撰寫概念為本課程單元的步驟，接下來一起檢視如何區分概念為本的單元以及傳統主題導向的二維度課程單元，表 3.1 提供兩者的比較。相同的有哪些？重要的區別在哪裡？哪一種提供更豐富、更有深度的學習？解釋你選擇的答案。

如同表 3.1 摘錄資訊所顯示，幫助老師們學習如何撰寫概念為本的三維度課程單元，是支持用富含智識探索的教學模式，以符合學業標準中深遠意圖這種呼籲的有效方法，本書提供了支持心智模式朝向下列理念轉移所需的背景資訊：

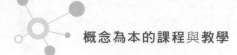

- 運用特定事實與歷程為支持基礎，教會學生可遷移、概念性理解的重要性
- 概念為本的單元設計如何支持三維度、概念性的教與學
- 歸納式教學以及探究在提取學生概念性理解的價值
- 藉吸引個人智能投入以激起學生求知欲望的具體實現

我們無法假設所有老師都瞭解這些理念，也不能光勸老師們「做就對了」。老師們需要具體的專業發展與引導才能夠轉移到概念為本的教學。

> 秘訣：當你在編織中學歷史的單元網絡時，從「歷史」的支線開始比較有幫助，列出此單元包含的明確事實主題，然後重點式列出每個重要主題下的相關概念，這些概念將用來撰寫通則。

表 3.1 │ 主題為本單元與概念為本單元的比較

	二維度課程單元：主題為本 （Two-Dimensional Unit: Topic-based）	三維度課程單元：概念為本 （Three-Dimensional Unit: Concept-based）
1. **單元標題**	殖民與屯墾：開始到 1763 年	殖民與屯墾：開始到 1763 年
2. **概念透鏡**	（無）	文化／互動
3. **網絡支線**	未被辨認	歷史／文化 ・地理 ・經濟 ・政府
4. **單元網絡**	未有單元網絡	詳見資源 G 之單元網絡

	二維度課程單元：主題為本（Two-Dimensional Unit: Topic-based）	三維度課程單元：概念為本（Three-Dimensional Unit: Concept-based）
5. 通則	**未有辨認 ── 可能有內容的「目標」列表，諸如：** · 「分析導致十五至十七世紀之間海外大探險的因素」，以及 · 「辨認最初十三個殖民地的位置」；或 · 「分析來自西班牙、英國、法國及荷蘭的早期屯墾者在不同殖民地，以及和北美原住民之間的互動。」	**五個到九個可以穿越時間遷移、清楚陳述的概念性關係。** · 國家尋求擴張地緣政治與經濟的影響力。 · 原住民的文化可能遭到入侵國家破壞並支配。 · 社會中變動的信念與價值觀可能會導致與當權政府的衝突。 · 歷史事件、傳統、價值觀與信念形塑了文化。
6. 引導／核心問題（樣本）	F = 事實性問題	F = 事實性問題 C = 概念性問題 D = 可辯論問題
	· 哪些因素導致十五至十七世紀之間的海外人探險？（F） · 在這段時間歐洲主要的海外大探險有哪些重要特徵？（F） · 這十三個殖民地坐落在哪裡？（F） · 西班牙、英國、法國及荷蘭殖民地之間存在什麼樣的關係？（F） · 殖民地屯墾者與原住民之間存在什麼樣的關係？（F）	· 哪些因素導致十五至十七世紀之間的海外人探險？（F） · 為什麼英國要在「新世界」建立殖民地？（F） · 為什麼各國熱中於探險並建立新的殖民地？（C） · 早期殖民者跟原住民互動的方式有哪些？（F） · 為什麼原住民常常遭到探險國家壓迫？（C） · 偏見與歧視會隨著時間消逝而緩解嗎？提出解釋。（D） · 為什麼有些英國殖民地反叛殖民母國英格蘭？（F） · 變動的信念與價值觀有時會怎樣引發社會革命？（C）

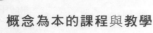

	二維度課程單元：主題為本 （Two-Dimensional Unit: Topic-based）	三維度課程單元：概念為本 （Three-Dimensional Unit: Concept-based）
7. **關鍵內容** （必要的事實知識——兩種單元都需要關鍵內容）	・十五至十七世紀之間，刺激海外大探險的因素，以及主要歐洲探險的特徵。 ・1450 年以後的文化，以及包括政治組織的類型在內的人民互動。 ・各個殖民母國殖民方式與其他殖民地及原住民互動方式的差異。 ・十三個英國殖民地的政治、社會、文化特性，包含一般性和特殊的元素。 ・宗教在英國殖民地的角色，包含對治理的影響；英國、法國、西班牙與美洲的關係；以及清教徒主義。	・十五至十七世紀之間，刺激海外大探險的因素，以及主要歐洲探險的特徵。 ・1450 年以後的文化，以及包括政治組織類型在內的人民互動。 ・各個殖民母國殖民方式與其他殖民地及北美印第安人互動方式的差異。 ・十三個英國殖民地的政治、社會、文化特性，包含一般性和特殊的元素。 ・宗教在英國殖民地的角色，包含對治理的影響；英國、法國、西班牙與美洲的關係；以及清教徒主義。
8. **主要技能** （兩種單元相同）	・運用圖形組織工具（graphic organizer）顯示並分析歷史資訊。 ・對資訊或代表的立場採取批判性分析作為基礎，運用決策技能在爭議性議題上採取立場。 ・進行史學研究形成問題並尋找答案。 ・批判性的分析印刷品，以辨認偏見、觀點與脈絡。 ・運用多媒體科技分享歷史性資訊。	・運用圖形組織工具（graphic organizer）顯示並分析歷史資訊。 ・對資訊或代表的立場採取批判性分析作為基礎，運用決策技能在爭議性議題上採取立場。 ・進行史學研究形成問題並尋找答案。 ・批判性的分析印刷品，以辨認偏見、觀點與脈絡。 ・運用多媒體科技分享歷史性資訊。

	二維度課程單元：主題為本（**Two-Dimensional Unit: Topic-based**）	三維度課程單元：概念為本（**Three-Dimensional Unit: Concept-based**）
9. **終點評量任務**（二維度評量任務聚焦於事實知識；三維度評量任務運用「什麼／為什麼／如何」公式，確認受評者展現概念性理解）	**（引人入勝的情節）** 你是 Gameboards America 公司的創意設計師，你的任務是設計一個遊戲去教八年級學生早期北美的十三個創始殖民地。 1. 辨認遊戲的目的。 2. 發展出一套至少三十個「殖民地問題」，把答案寫在反面。 3. 設計遊戲紙板使參與者沿著答對「殖民地問題」的路徑，從開始到結束遊戲（在紙上畫出遊戲紙板的大略草圖）。 4. 設計「扣分」卡和「加分」卡，沿著遊戲路徑放置七個「扣分」點和七個「加分」點（把這些卡放在遊戲紙板上的「處罰」和「紅利」兩個框裡）。 5. 決定參與者用什麼方法在答對時前進（擲骰子、轉陀螺或在答案卡上標示移動次數）。 6. 找到或製作籌碼或代幣作為遊戲物件。 7. 把草稿紙轉換成卡紙或硬紙板，用馬克筆上色。 8. 試玩測試！	**什麼（單元學習）**：調查早期的文化、殖民方式以及屯墾（從開始到 1763 年） **為什麼（概念性理解）**：為了要瞭解國家尋求擴張地緣政治與經濟影響力，以及歷史事件、傳統、價值觀與信念形塑了文化。 **如何（引人入勝的情節）**： 你是 Gameboards America 公司的創意設計師，你被賦予的任務是設計一個遊戲去教八年級學生早期北美的十三個創始殖民地。 1. 辨認遊戲的目的。 2. 發展出一套至少三十個「殖民地問題」，把答案寫在反面。 　　問題包括為什麼歐洲國家要建立殖民地，以及不同殖民地的政治、社會（包含宗教的角色）與經濟特性。還包括以下問題，把答案寫在卡片的反面： 　　「『歷史事件』或者『價值觀與信念』如何形塑文化？」「為什麼國家要尋求擴張地理上或經濟性利益？」 3. 設計遊戲紙板使參與者沿著答對「殖民地問題」的路徑從開始到結束遊戲。 　　（終點評量任務步驟 4－8 和二維度單元設計相同）

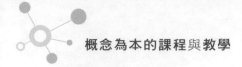

	二維度課程單元：主題為本 （Two-Dimensional Unit: Topic-based）	三維度課程單元：概念為本 （Three-Dimensional Unit: Concept-based）
10. **學習經驗**	・閱讀課本第二章：早期的美洲殖民，回答章末問題。 ・畫一張十三個殖民地的地圖，剪成拼圖迷宮並和一個夥伴交換，嘗試在五分鐘內完成拼圖。 ・製作一個圖形組織工具以比較這十三個殖民地： ➢ 殖民母國 ➢ 殖民的原因 ➢ 殖民地的政治／社會／經濟特性（三欄）	*參閱下頁所列示之差異化策略 ・應用一手與二手的原始文件比較早期美洲各個歐洲殖民地的記錄，製作一個圖形組織工具以比較下列情況： ➢ 殖民母國 ➢ 殖民的原因 ➢ 殖民地的政治／社會／經濟特性（三欄） 藉完成以下陳述作為一般性比較的彙總： 「我們瞭解了……」 ・選擇單元的概念透鏡之一：「文化」或「互動」，以反思一個或幾個殖民地。學生必須傳達這個殖民地「文化」的一個面向，或者在兩、三種文化之間「互動」的意義，這份具有創意的反思心得可以用下列形式之一表達： ➢ 詩歌 ➢ 視覺展示（紙本或電腦） ➢ 歌曲或舞蹈
11. **單元概述**	（通常是寫出單元的學習目標當成簡介，或者提供課程主題的簡短描述。）	（對學生拋出的誘餌，跟學生分享以開始課程單元） *想像去一無所知的地方探險的計畫會像什麼！計畫中要考慮哪些事物？在本單元我們要透過早期美洲探險家的經驗與觀點來調查這些問題：探險家為殖民母國建立的殖民地，探險家和其他殖民地以及原住民之間的互動。我們將思考大探險的理由，並研究社群如何建立社會、經濟及政治結構，以安頓日常生活。*
12. **教師資源與教師註解**	歷史課本第二章	決定是否要每個學生自己或分組製作遊戲紙板。如果分組，每個學生要負責設計幾張問題卡並找出答案。

二維度課程單元：主題為本（Two-Dimensional Unit: Topic-based）	三維度課程單元：概念為本（Three-Dimensional Unit: Concept-based）

即使老師已經依據學生準備度不同而設計不同的學習經驗，教師的期望是所有學生對核心概念與概念性理解達到相同的理解。

幫助需要更多鷹架或增強之學生的差異化教學

a. **對需要更多鷹架支持之學生的差異化策略**：提供具有較容易閱讀的初級與次級原始文件的網站，如果需要，在列印出來的網站資料上畫線標示出政治、社會、經濟面的特質（不需要註明）。然後讓學生判定並且用三種不同的顏色區分政治、社會、經濟三種特質。給學生一個空白的圖形組織工具，讓學生在正確欄位寫出這些畫線的重要資訊，然後要學生找一個夥伴，討論彼此的發現，最後至少寫四句話描述比較的結果。

b. **對需要更多增強之學生的差異化策略**：運用適合的搜尋引擎與關鍵字，讓學生找出初級與次級原始文件，設計合適的圖形組織工具，填入需要的資訊。要學生寫兩段組織良好的段落：

1. 敘述資料比較之後的發現。

2. 分析早期殖民地和當今社區的相同與相異之處。

挑戰題：

你認為以下哪一項對國家發展的影響最大？

・運輸

・科技

・創意思考

・溝通

以明確具體的事實性事例來辯護與支持你的立場。

瞭解單元網絡

單元設計的步驟一到步驟四構成創造單元網絡（unit webs）的程序，這樣的網絡可以在單元標題、概念透鏡以及構成支線之外，區辨適合這個單元的概念以及某些重要的內容主題；步驟七和八會補充更多內容資訊以及單元技能。有些課程撰寫者喜歡在完成個別單元之前先發展全年度的單元網絡，其他人則喜歡一次完成一個課程單元撰寫，雖然這是個人的選擇，但我們發現預先創造全年度單元標題地圖，並撰寫每一個單元網絡有以下優點：

- 由學業標準中擷取的重要內容主題與概念，可以在適合的教學點嵌入單元網絡的脈絡中。
- 單元標題與網絡對必要的教學提供兼具廣度與深度的概覽，並且洞察可能需要的教學資源。
- 全年度的單元標題與網絡，讓老師可以整體性決定在年度內如何做最適當的內容安排，以及如何因應概念的複雜程度，以決定單元呈現的順序。
- 單元網絡讓老師以合理可行的方式管理標準取向（standards-driven）的課程，在創造單元網絡時，老師從必要的標準中提取概念與內容，適切的顯示在網絡中，而課本與其他課程資料則可以當作補充性教材資源。

　　圖 3.1A－3.1C（參見 122－123 頁）提供了三個單元網絡的示例，圖 3.1A 是學科內的內容主題網絡，圖 3.1B 是跨學科的網絡，圖 3.1C 是一個歷程性學科的學科內網絡。

編織網絡讓老師進行腦力激盪，並可看到課程設計中關鍵主題與概念的整體樣貌，因此是設計概念為本課程的有效工具。網絡規劃得越完整，單元的通則將會更強而有力。

在單元網絡中，單元撰寫者精心雕琢重要的概念性理解（通則），第一個通則要寫出概念透鏡與網絡中一、兩個其他概念間的關係。再運用各支線項下的概念發展出其他的通則，除了用概念透鏡撰寫的單元通則，每條支線需要一到兩個通則。我們堅決認為一個授課單元至少要有五個通則，以確保各支線下的微觀概念被納入代表此單元最重要的可遷移理解的概念關係。如果只有一個概念性理解，這唯一的通則會變得太廣泛而導致整個單元欠缺學科的深度。當然，一個延伸六到八週的單元需要五到九個通則為學生增能，讓他們會連結新事例與既有理解，並且會從一個情境遷移到其他情境。我們建議單元中通則的數量與我們建議一年撰寫五到六個學習單元一致，理由是我們不希望課程負荷過重。高品質的通則代表需要時間去解讀的重要想法，所以教得少才學得多。

且完成五到九個重要的通則（視單元時數而定），接下來要針對每一個通則準備三到五個引導問題（事實性與概念性），以引導學生的思考朝向可遷移的理解。此外，每個單元整體也要有一、兩個引人入勝的可辯論問題。

資源 D-3.1 分享了一則取材自珍妮芙・瓦梭（Jennifer Wathall）設計，標題為「圓幾何學」的數學單元摘錄，注意不同的單元組成元素如何互相支持，以及概念性理解（通則）如何同時反映了內容與歷程。在資源 F 中，珍妮芙為國中數學老師分享了一些補充性通則。

互相依存 / 改變
（概念透鏡）

公民、政府
與人權

**6.2.8.A.2a
6.2.8.A.2b

- 法律架構
- 政府形式
- 蓄奴在經濟與社會
  結構的角色

地理、人類
與環境

6.2.8.B.2a

6.2.8.B.2b

- 地理與定居地
- 貿易網絡
- 科技創新
- 永續性
- 實質與政治地圖
- 早期大河文明與現代
  對應的文明
- 地緣政治的影響

經濟、創新
與科技

6.2.8.C.2a

- 科技的進步
- 經濟專業分工
- 武器改進
- 貿易
- 階級制度發展

* 早期
大河文明

歷史、文化
與觀點

6.2.8.D.2a

宗教影響了……
- 日常生活
- 政府
- 文化

* 早期大河文明包括美索不達米亞、埃及、印度河（以及稍後的中國黃河谷地文明）

** 單元網絡編號係依據紐澤西州社會研究課程標準

▶ 圖 3.1A・學科內單元網絡：大河文明（River Valley Civilizations）

責任 / 互相依存
（概念透鏡）

社會研究

AERO
3.5c與d

- 責任
- 汙染
- 行動
- 原因與結果
- 因果關係
- 都市化
- 森林砍伐
- 觀點

自然科學

AERO 3-LS4-1
3-LS4-2
3-LS4-3
3-LS4-4

- 平衡
- 物種
- 生物多樣性
- 演化
- 能量
- 結構
- 物理性特徵
- 生存
- 運動
- 生殖
- 捕食者
- 獵物
- 適應
- 功能

英文語言藝術

AERO
W.1
與W.5

說服性寫作
- 觀點
- 事實或意見
- 論證
- 結構
- 證據
- 計畫
- 修改
- 編輯

生態系統：
我們當地
的環境

藝術

AERO 1.2,
1.4, 3.3

創造生態系統的立體模型
- 形狀
- 質感
- 造型
- 色彩
- 對比

AERO ＝美國教育延伸：附加共同核心標準（American Education Reaches Out: Common Core Plus Standards）

▶ 圖 3.1B・跨學科單元網絡：生態系統：我們當地的環境

單元名稱：生命經驗如何能夠徹底改變我？ 概念透鏡：**徹底改變**（Transformation）

年級：8

作者：珍妮芙·賈格曼（Jennifer Jagdmann）
佛羅里達州坦巴市科耳貝預科學校

瞭解文本

- 原因與結果
- 主題（theme）
- 觀點
- 主要事件／挑戰
- 友誼的品質
- 美德，例如：同理心、幽默感、心懷感激

反應文本

- 意見
- 文本證據
- 個人的價值觀與態度
- 個人的連結／反思
- 協作性團體行為：制定決策、共識、關係

生命經驗如何能夠徹底改變我？

生成文本

- 寫下具有文本證據的回應
- 口頭發表規約：語態、眼神接觸、解釋清楚
- 視覺呈現：符號設計
- 協作性發表技能：主動參與、支持、每位發表者思路流暢

評析文本

- 作者的目的
- 人物發展
- 人物的可信任程度
- 作者的技巧

▶ 圖 3.1C・學科內歷程性網絡；生命經驗如何能夠徹底改變我？

逐年升級的概念性理解

　　如果我們想要啟發學生的智能、形塑兼具批判性與創造性的概念性思維，**課程計畫必須以想法為中心**。人類傾向安於既定的行為模式，我們之中許多人在名為「目標導向教學」（teaching to objectives）的系統下接受教育。班傑明·布魯姆（Benjamin Bloom）和同僚恩傑哈（Engelhart）、佛斯特（Furst）、希爾（Hill）以及克雷詩沃（Krathwohl）（1956）指定特定動詞代表不同層次的認知成就，藉以提升我們對學生學習的期望，例如：較低認知層次的**知識**（knowledge）以及較高認知層次的**綜整**（synthesis）。這種分類曾經對教育有重大貢獻，但後來即使進步到安德森與克雷詩沃（Anderson & Krathwohl, 2000）

123

發展出更新的布魯姆分類學（Bloom's Taxonomy），我們仍然高度依賴這種無法確保學習遷移以及深度概念性理解的傳統課程設計歷程。

　　歷史上的偉大思想家，如柏拉圖、亞里斯多德、愛因斯坦等等，不會用特定順序安排動詞加上主題來啟發自己的心智或達致深度理解。他們思索構想（ideas）、議題（issues）以及問題（problems），他們提出假說、檢驗證據，在事實與相關的概念與原理之間尋找模式與連結，繼之提出問題以挑戰自己的發現，本質上他們是以想法為核心的建構主義者。我們得繼續致力發展課程，幫助老師從教完學習目標變成運用探究法，從學生腦袋裡提取出概念性理解；而且學生能夠以事實內容或特定證據支持這些理解。

> 我們得繼續致力發展課程，幫助老師從教完學習目標變成運用探究法，從學生腦袋裡提取出概念性理解；而且學生能夠以事實內容或特定證據支持這些理解。

　　表 3.2 列示就發展而言，適合於不同成熟程度的概念性理解以及不同年級之間的共通內容，注意說明清楚的理解（感謝派翠克・雷頓[Patrick Leighton]在科學方面提供睿智的建議）。對老師而言，學會從教學單元的關鍵內容與技能中提取明確有力的概念性理解的能力至為重要，而且關鍵內容與技能也支持這些概念性理解。表 3.2 提供的通則範例以示範發展合宜（developmental appropriateness）的意義，請注意這些概念性理解可以用「學生瞭解……」（Students understand that...）這樣的句子開始建構。

　　另外還有一個理由支持老師撰寫貫穿各年級教學單元的概念性理解陳述，注意表 3.2 每個年級楷書體字詞的概念。想像老師在每個年級的學科領域有五到六個教學單元，而每個教學單元有五到九個概念性理解，發展概念性理解的深度與廣度非常明顯，有些單元可以跨學科，有些單元則可以採取學科內的統整設計。

　　當今教育界重視並倡導許多以腦部為基礎的策略，例如，運用核心問

> 但我們產出的課程計畫與教科書大都沿用一套必須教完的陳舊學習目標列表：一套由動詞驅動、事實性、概念性及技能導向等陳述構成令人困惑的混合體；而不是幫助理解與遷移，又得到事實資訊與技能支持的一套強大概念。

題（essential questions）、建構主義（constructivism）以及探究法（inquiry）等，但我們產出的課程計畫與教科書大都沿用一套必須教完的陳舊學習目標列表：一套由動詞驅動、事實性、概念性及技能導向等陳述構成令人困惑的混合體；而不是幫助理解與遷移，又得到事實資訊與技能支持的一套強大概念。老師們將發現說明學生必須**知道**（know，事實性）、**理解**（understand，概念性）與能夠**會做**（be able to do，技能）的課程計畫遠比一串欠缺明確方向的學習目標有幫助。以上通常被引述為「KUDs」，需要更奧妙的教學法，並把重心從傳遞知識轉變成運用知識與技能引導出學生深度的概念性理解。一起來看一些KUDs的示例：

我們想讓學生**知道**什麼？（**主題性、事實性**知識）

示例：

學生會**知道**……

1. 蝴蝶生命週期的階段
2. 我國建國歷程中的重要歷史人物以及他們的貢獻
3. 面積與體積的公式

我們想讓學生**理解**什麼？（學科中**可以遷移**的概念性理解）

示例：

學生會**理解**……

1. 生命週期確保物種的延續

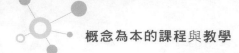

2. 轉捩點將會塑造一個國家社會、經濟與政治的方向

3. 變換可以複製或扭曲幾何圖形

我們想讓學生**會**做什麼？（特定的**歷程與技能**）

示例：

學生將能夠……

1. 創造代表資料或想法的模型與圖形

2. 運用初級與次級原始文件以比較與分析歷史觀點

　　其中**知道**與**理解**兩類陳述不用動詞前導，而**技能標準則需要有動詞前導**，例如：「**評析文本以確定主要意旨**」。此刻就是班傑明・布魯姆那一套動詞最有用的時機——用以設計學習經驗與評量；也就是當我們希望學生針對特定主題與脈絡去分析（analyze）、綜合（synthesize）、評價（evaluate）及創造（create）的時候。

表 3.2 ｜ 跨越年級的概念性理解樣本

二年級	六年級	高中
社會研究		
經濟學 人們購買商品與服務以滿足想要（wants）與需要（needs）。人們要選擇因為他們不可能擁有所有想要的事物。	**經濟學** 自然資源缺乏的國家依賴貿易關係以獲得需要的產品。	**經濟學** 擴張的交通與貿易網絡導致區域間的合作與競爭。
地理 各地社區耗用自然資源以滿足基本需要。 關心自然資源保護的公民愛護環境。	**地理／政府** 因為**政治性**或**經濟性**理由進行的**地理擴張**，可能導致對原生居民與動物的剝削。	**地理／政府** 地緣政治疆界的變遷可能引發國際性權力轉移。

歷史 各地社區隨時間變化。	歷史 傳播科技的進展會促進理念與政治思潮的散布。	歷史 國家之間的恐懼與不信任，使得國際條約與協定的保障與執行遭到挑戰。
政府 社區領導人扮演特定角色以滿足需要並解決問題。 法律與規定有助於保護社區成員。	政府 政府透過金融政策、關稅與賦稅以規範企業與貿易。	政府 國家運用外交、政治或經濟制裁，或戰爭以解決威脅國家福祉的國際衝突。
物理學 加熱、冷卻、融化及蒸發等過程依賴溫度的變化。	物理學 即使溫度沒有改變，熱能的變化總是伴隨著物質狀態的改變。 化學與物理的不同屬性區分了物質種類。	化學 熱能轉變了分子運動的型態，進而改變物質的狀態或分子運動的數量而改變了溫度。 已溶解粒子相較於所有被溶入粒子的比率決定了溶液的濃度。 反應的能量與從環境中得到或失去熱有關。
生命科學 活的物體執行滿足它們基本需要的功能。 植物與動物的特質部位（characteristic parts）支持不同的功能。	生命科學 生物體的細胞執行其功能以維持生命。 物種的特質會透過自然選擇、性別選擇或選擇性育種歷經幾個世代而改變。	
地球科學 環境中含有岩石、土壤、水分、大氣中的氣體以及動物和植物等有用的資源。	地球科學 自然過程諸如侵蝕、地震以及火山塑造了地形的改變。	生物 細胞的特殊化部分執行了特殊功能，諸如動態平衡、能量生產、分子的運輸、分子的排除與選擇、廢棄物的處理及新分子合成。

英文語言藝術		
作者環繞著人物構建一個故事。	敘事性作者以特定的角色設計不同的人物（主角、對手、第三者）使故事更真實而有趣。	象徵性人物需要讀者推論所描繪的主要議題、人性的面向與社會的面向。

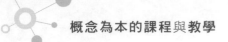

是活動還是理解的評量？

我們現在已經學了如何設計概念為本的教學單元，接下來要討論理解的評量。就事實與技能的評量而言，我們做得還不錯，但在概念為本的教學中，要確定我們也有評量理解（通則）。我們先來進行表 3.3 的小測驗以釐清兩者之不同，就其中的每個例子，判斷這是一個**低階層次的活動**還是**深度理解**的評量。嘗試修改那些你認為是活動的項目，把它們變成為理解的評量。在進行低階層次的活動轉變成高品質的理解評量時，記住這個設計的問題：

你是否在評量中內建某些「理解」（通則）所用的語言，以幫助學生搭建提升到概念層次的心智橋梁？

表 3.3 │ 小測驗：是活動還是理解的評量？

1. 通則
分水嶺事件（watershed events）標記了歷史的轉捩點。
是活動還是理解的評量？
靠記憶背誦蓋茨堡演說中的重要段落。

2. 通則
政府的角色在公民的日常生活中逐漸擴大，以因應國家危機。
是活動還是理解的評量？
製作一個三欄位的表格，第一欄列出三個國家危機，第二欄列出因應這些危機而產生的立法或政府政策，第三欄詳細列出這些立法對公民日常生活的影響，反覆檢核表格資料，思考這些危機與政府反應之間的關係，寫出一個表達這些關係的通則。

3. 通則
生物體維持一個稱為動態平衡（homeostasis）的穩定內部系統以確保生存。
是活動還是理解的評量？
創造一個表達「動態平衡」這個概念的符號或設計。

4. 通則

弧線長度增加使得中心角的角度增加。

是活動還是理解的評量？

寫出問題的答案：

弧長與角度之間的關係是什麼？

5. 通則

作者使用內含（connotative）語言以創造鮮活的印象，或誘導讀者以形象而不是以文字詮釋。

是活動還是理解的評量？

從東妮・莫瑞森（Toni Morrison）的《摯愛》（*Beloved*）一書的摘錄中，標示出內含用語。

第 139 頁的表 3.4 提供了表 3.3 小測驗的答案，你答得多好？你能區辨這些表現的差異以因應不同學生的需求嗎？

單元設計的問答

當老師開始設計概念為本的單元時，問題會持續出現，本節將處理其中的一些顧慮：

1. **我要怎樣找出適合我的年級或學科的概念？**

    答：學業標準（譯註：「十二年國民教育各領域課程綱要」即可作為台灣老師設計課程時的參考學業標準）提供各年級學科許多必要的概念，以及每個課程單元中的學習內容。你必須要能夠辨認學業標準中主題與概念之不同，科學標準中充滿概念，數學也是，信任自己的專業能力去辨認適合任教年級或學科的概念。記住：概念是不受時間限

制、普世、相當程度的抽象，而且包含具備共同屬性的不同事例。列出任教學科的重要主題，然後腦力激盪出這些主題中操作的概念；與其他同事的協作與對話會使成果更豐碩。深入挖掘微觀概念；微觀概念在年級之間區別了理解的深度。例如：我們在中年級教生態系統、棲地、掠食者、獵物等概念，但在中學階段，我們開始處理棲位（niches）、寄生（parasitism）、共棲（commensalism）等特定概念，中學階段學科概念的複雜度、特定性及數量都提高了。為了要教到通則，老師必須用微觀概念來發展漸增的專家才能。

2. 我的學業標準就是我的課程嗎？

答：學業標準（譯註：等同我國的課程綱要）不是課程，而是設計課程的架構。課程反映出學業標準的意圖，是一套連貫的、方便教師使用的文件。如果老師把政府制定的學業標準誤認為課程，他們會一個一個的處理基準（benchmark），尤其美國某些州制定的標準是傳統式由動詞帶動，聚焦於教到全部事實內容與技能的目標時，將導致檢核表式的教學。有位美國歷史教師驕傲的告訴我：「我正在檢核本州制定標準**課程**中的每一個基準，以確認我做了裡面說的每一件事。」我們的心情隨著腦中浮現的圖像一路下沉：

- 解釋以下年度在美國歷史的重要性：1607、1776、1803……
- 分析美國革命的原因
- 解釋環繞美國革命事件中的議題
- 分析 1787 年費城公約的議題
- 敘述新共和（New Republic）領導人面對的主要問題
- 解釋安德魯・傑克森（Andrew Jackson）當選的影響，包括現代民主黨的緣起……等等，共有超過一百個基準！

我們知道這位老師的學生將以賽跑的速度讀完複雜的材料，努力記憶並且反芻事實資訊以通過考試。現代潮流是減少講授那些上網馬上找得到的學習內容，並且聚焦於關鍵的學科內容，以及更重要的概念性理解。我們希望這樣的轉移很快的在學業標準與課程單元中清楚的反映出來。

▶ 圖 3.2・拜託別再給事實知識

來源：David Ford Cartoons, davidford4@comcast.net. 經許可使用。

3. 是否可能逐年級撰寫一套核心學科理念（通則），提供不同州、甚至不同國家使用？可能是創造一個兼具深度與廣度的總括性骨幹，並具備各地課綱支持的概念性理解架構；或者創造一個依學科區分的全國性通則範例（概念性理解）儲藏庫，供老師跟課程撰寫者參考如何在自己的課程計畫中雕琢概念性理解。這些做法有價值嗎？

答：這個問題引起課程設計者激烈的討論。就內容與概念導向的學科而言，建立一個平台來維持一套代表性理解以反映最重要的概念性關係，可以強化同年級不同學科的連結。例如：如果我們問自然科學專家希望學生理解哪些關於能源與物質的主要概念，或者問數學專家希

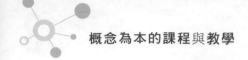
望不同年段的學生對測量或幾何獲得哪些主要概念的概念性理解，專家們會口徑一致的闡述這些想法。這一套發展性的概念想法可以當作學科的理解標準，並容許國家、州或學校發展與這些標準扣合的自有課程。對國際文憑組織（IB）這類在全世界都設有學校、教學內容不同但學科一致的學校方案而言，這個做法似乎提供了一個解決之道。

與此相對的理論則詰問：「我們真的要告訴教育工作者他們學科的概念性理解嗎？或者我們希望他們徹底思考教學的內容與脈絡，然後自己決定重要的概念性理解是什麼。再次重申，我們不希望標準變成一份新的檢核表！」我們的確希望老師就自己的內容雕琢概念性理解，問題是多數老師沒有接受過撰寫概念性理解的訓練，就全球的培訓需求而言，試圖提供一個一個培訓工作坊不夠有效率。解決方法之一，是各學科至少可以在學科標準中提供關鍵概念性理解的高品質範例，以支持概念為本的培訓者在全世界提供工作坊。

4. **撰寫清楚又強大的通則有什麼竅門嗎？**

答：一般人剛開始撰寫通則時，常常寫得大而無當。形成這些薄弱陳述的主要原因是過度使用「禁忌」動詞，如**衝擊**（impact，譯註：泛指不論程度深淺、範圍大小的任何影響）、**影響**（affect，譯註：通常指有形力量造成的影響，或對感情、感覺的影響）、**間接影響**（influence，譯註：通常指無形力量間接產生的影響）等，以及**是**（is, are）、**有**（have）這些動詞。**衝擊、影響**與**間接影響**欠缺明晰與力量，所以是薄弱的動詞，它們也無法回答「如何」或「為何」等為想法帶來更高明概念化特異性（specificity）的問題。而**是、有**這些動詞則適於加上適當的名詞和代名詞來表達事實性的陳述。學習如何運用提問幫思考搭鷹架，是用來收斂、釐清，以及把通則發展到更深入複雜程

度的強大工具；為薄弱的第一階通則搭鷹架的方法是：用「如何？」「為何？」以及「所以呢？會怎樣？」（so what）提問與回答這些問題。為了幫助你避開這些「禁忌」的動詞，資源 B 提供了一套第二階與第三階通則的動詞表。閱讀以下有鷹架支撐的通則範例，練習如何把第一階通則提升到第三階通則。

- 第一階通則：天然災害衝擊一個社區。

  天然災害如何衝擊一個社區？

- 第二階通則：天災會破壞一個社區的社會與經濟基礎建設。

  如果社會與經濟基礎建設遭到破壞，會有什麼特殊意義或者影響？

- 第三階通則：社區中社會與經濟基礎建設的重大破壞會引發失落感、焦慮、困惑與憤怒。

  或者

  面對社區中社會與經濟基礎建設的重大破壞，需要具備強大的領導力，包括問題解決、有效溝通及協作等能力來復原。

我們必須從教學單元中排除虛弱的第一階通則，然後教到第二階通則，教到這個程度將提升學業標準，因為我們的目標是教會深入的概念化特異性。**強大的第二階通則是撰寫概念為本課程的目標，因為其中蘊含了從探究中導引出關鍵理解的精華。**第三階則屬於偶爾可以用來在第二階的想法加上另一個面向，或挑戰學生從第二階想法中延伸出各式各樣的新構想。如果有人提出第三階想法，那必須是帶來新概念的「全新構想」，而不只是重複第一階或第二階的想法。

以下是另一個由珍妮芙・瓦梭分享的中學數學搭鷹架的範例：

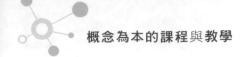

- 第一階通則：一個物體的瞬間速度等於位移對應時間的斜率圖。

  瞬間速度的斜率是怎麼回事？

- 第二階通則：畫出正割弦（secant chord），估計弦的斜率，判定物體的瞬間速度。

  所以這個計算有什麼特殊意義？

- 第三階通則：當正割弦在位移—時間曲線趨近於零的極限值時，判定物體的瞬間速度。

5. **我一年應該教幾個單元？**

   答：這是學校或學區層級的決策，但要記得，我們不希望迫使老師趕進度，再者，有時候跨越段考或評分期間也能順利操作。總之，教幾個單元多半取決於學科以及學校階段，而我們的建議是一年度的課程不要超過五到七個教學單元。

   在國際文憑學校（IB）的國小課程計畫（Primary Years Programme）中，依據學校「探究課程」（Programme of Inquiry）決定六個包括自然科學以及社會研究的跨學科單元。我們由衷鼓勵平行進行或個別進行英文語言藝術或數學的學科內統整單元，以確保學生具備這些重要基礎學科的學科素養。高品質的語言藝術與數學課程需要在全面性概念為本的課程與教學中，藉著解說詳實的技能發展推動學生從只會「技能操作」進步到理解。

   許多數學以及英文語言藝術的歷程可以在「探究課程」單元中教導並練習，然而我們發現，如果數學以及英文語言藝術的學科內課程計畫沒有同時發生，這些學科歷程、策略以及技能的深入理解就會退居次位。在發展概念為本課程與教學的學科內課程計畫時，我們再次倡議老師要清楚表達專屬英文或數學的五到九個通則，運用引導提問與評量處理所有的支線，以確保專屬這兩個學科的深度概念性理解。

6. **為什麼概念為本的三維度課程與教學模式，比傳統二維度模式更能夠有效的激勵學生學習？**

答：文獻清楚指出學生剛進學校時都是熱情的學習者，但到了四年級之後，學習的動機開始下降。小學低年級的課程大都以概念為基礎，這段期間學生積極投入實作與思考並重的學習活動，幫自己內化概念的意義：季節、色彩、動物、氣候、家庭等等，孩子們的心思投入於具體與抽象之間的綜效性交互激盪。但隨著學校裡事實性資訊的負荷增加，必須記憶的資訊量逐漸增加，學生就越來越不需要運用概念性思維。減少概念性思維的運用是以下明顯問題的主要原因：

a. 明顯增加的學習冷漠

b. 低於標準的學習表現

c. 無法在長期記憶中留存重要的事實資訊

圖 3.3 用漫畫說明了這些道理，請注意在漸增的「教完事實」與漸減的「概念性理解」之間的反向關係。圖 3.4 則顯示如果我們設計出維持事實性—概念性關係平衡發展的課程與教學，我們就可以導正這個問題，也唯有系統化的設計讓學生在學習事實性知識時，被吸引投入概念性思維的課程與教學，正向激勵的理論才可能發生。

▶ 圖 3.3 · 負向激勵的理論

來源：內容：H. Lynn Erickson；漫畫：David Ford Cartoons, davidford4@comcast.net. 經許可使用。

▶ 圖 3.4 · 正向激勵的理論

來源：內容：H. Lynn Erickson；漫畫：David Ford Cartoons, davidford4@comcast.net. 經許可使用。

彙　總

　　本章探討了概念為本的單元設計，並分享了一套與資源 D-2「單元規劃範本」呼應的設計步驟。接著，單元網絡樣本的概括討論支持了扣合學業標準的全年度學科領域課程規劃，而高品質的學習經驗與評量要求學生展現他們的概念性理解，也包括內容知識與技能的掌握。

　　引導老師們發展概念為本的三維度課程單元，是呼應用富含智識探索的教學模式，以滿足學業標準中深遠意圖這種呼籲的有效解決方法。本書提供了支持心智模式朝向下列理念轉移所需的背景知識：

- 教學生運用特定事實與歷程為基礎，學會可遷移、概念性理解的重要性
- 概念為本的單元設計如何支持三維度、概念為本的教與學
- 歸納式教學以及探究在引導學生提取概念性理解的價值
- 藉吸引每個學生投入個人智能，以提高學生學習動機的具體實現

　　第四章將帶著我們進入三維度概念為本教學與探究的範疇，這是展現教師在教學藝術與科學兩方面知識的教學法，這樣的教學與探究也成為每個孩子發展智識的跳板。

延伸思考

❶ 傳統主題導向單元和概念導向單元的差異是什麼？

❷ 我們要如何運用單元網絡概觀為各州制定的學業標準提供脈絡？

❸ 概念為本的單元如何支持

　a. 教導深度理解？

　b. 知識的遷移？

　c. 智識的發展？

❹ 教科書出版商已經提供「包山包海」的教材，為什麼我們還需要花時間設計整個年度的教學單元？

❺ 活動跟深度理解的評量有什麼不同？

❻ 你從撰寫展現概念性理解的實作評量中學到什麼竅門？

❼ 你對概念為本的單元設計有什麼疑問？寫出你對這個問題的內在對話，然後跟一位同事配對，嘗試對答案達到一些共識。

表 3.4 | 解答：是活動還是理解的評量？

1. **這是一個活動。** 我們需要加上一些通則中的用語，以確認我們所評量的是理解而不致淪為評量事實的記憶。

   理解的評量：

   本單元中有一個部分是分析林肯撰寫並發表蓋茨堡演說的意圖。

   寫一篇評論，解釋林肯的蓋茨堡演說為什麼被視為美國歷史上的一個「分水嶺事件」。進而比擬一個在未來可能被視為「分水嶺事件」的當代事件。

2. **這是一個理解的評量，** 因為它運用通則中的用語，並敦促學生寫出一個通則來顯示他們的概念性理解。

3. **這是一個活動。** 我們不能因為學生創造了一個有創意的符號，就假設他們瞭解什麼是動態平衡。

   理解的評量：

   你是一本兒童科普書的插畫者。

   創造一個表達「動態平衡」這個概念的符號或設計。

   為你的符號或設計寫一段說明，解說它如何傳達了「動態平衡」的意義，然後解釋為什麼動態平衡對生存於變動的外部環境中的有機體很重要？

4. **這是一個理解的評量，** 因為它要求學生解釋數學概念，以及與對應的通則之間的關係。

5. **這是一個活動。** 我們不可以假設會辨認內含語言的學生，已經理解內含語詞如何創造鮮活印象，或形塑讀者對文本的詮釋，這些是透過通則表達。

   理解的評量：

   從東妮·莫瑞森的著作《摯愛》的摘錄中，標示出內含用語。解釋東妮·莫瑞森如何透過這些內含語詞的運用，為她的讀者創造鮮活的印象。這種技法如何形塑讀者對文本的詮釋？從文本中引述明確的事例以支持你的解釋。

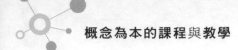

04

概念為本教學單元中的
探究式學習

本章首先簡要探討歸納式（inductive）教學與演繹式（deductive）教學這兩種迥異的哲思，這兩者都可以結合探究式學習。**探究式學習**（inquiry learning）涵蓋數種不同的形式，其中結構式（structured）探究與引導式（guided）探究最能緊密扣合概念為本的教學目標。接著，我們詳述概念為本的教學單元設計初期常見的兩種困難，以及重新設計這些教學單元的解決方法。我們要先討論結合探究式學習的教學哲思。

演繹式與歸納式教學

概念為本的教學緊密擁抱歸納式哲學，但演繹式教學跟歸納式教學的主要差別是什麼呢？演繹式教學會先跟學生說明單元的通則再進行探究任務，學生才去尋找支持這個通則的事實與技能；歸納式教學則相反，學生先從概念或通則的事例或屬性著手，再運用這些資訊去建構並說明所代表的概念性意義（通則）。換言之，演繹式教學的方向是從抽象到具體，而歸納式教學則是從具體到抽象，兩者都可以融合探究式學習。但在概念為本的教學中，審慎設計的教學單元使學生得以建構自己的理解，學生將需要運用高階層次的思考並且整合想法，這樣也幫助學生產生個別化的理解並留存更多的理解。

那麼，為什麼剛開始嘗試轉移到概念為本教學的老師，卻常常高度依賴演繹式而不是歸納式取徑（approach）呢？即使老師已經知道了歸納式教學的優點，卻又容易沿用演繹法教學的原因有幾個：老師已經熟悉也安於以學習事實和技能為目標的二維度教學模式，因為老師們被教導要把學習目標貼在黑板上，以利學生盡快精熟學習目標。還有，需要時間發展整套技能和策略才能支撐綜效性思考（第五章會詳細討論這一點）。最後，老師已經習慣於幫學生思考，因而對於學生可以自己達到概念性理解缺乏信心。雖然在概念為本的課堂上，有時候也可以用演繹式教學和直接講述法，但為了促進學生參與學習以及

高階思考，我們必須能夠進行更多的歸納式取徑教學。

盧森堡國際學校（International School of Luxembourg）的安娜・斯坎內爾（Anna Scannell）老師，由於矢志於學生學習與持續的自我專業成長深獲我們的敬重，請閱讀以下這篇她對於自己成為概念為本教師之旅的反思，以及轉移到歸納式教學初期所遭遇的挑戰。

> 當你是概念為本課程與教學的新手時，最大的挑戰之一是釋放教學歷程中的某些控制。我知道我自己真的很想直接告訴學生我期待的理解或跳進去幫忙，但許多學習在掙扎中發生，我們必須退後一步並且信任學生會達成目標。老師這個角色要做的是提供學生多重路徑、學生所需的教材與學習經驗，然後放手讓學生們去產出自己的概念性理解。一開始很難，因為你會擔心學生學不到設定的通則目標，但我後來發現，即便遣詞用字稍稍不同，只要給予適當的支撐，學生一定會學到重要的見解，有時候學生甚至會得到我意料之外的其他理解。
>
> ——安娜・斯坎內爾

當老師一上課就跟學生分享通則，然後要求學生連結事實性例證，那麼學生自己建構與表達理解的機會就被騙走了。如果有適宜的指導，任何年紀的學生都能夠理解通則目標，當學生獲得機會自己完成認知任務，他們會沿著事實與技能發展出可遷移的深度概念性理解。用歸納法教學達到通則也促進了我們在第一章討論的思考統整。接下來，我們要一起看探究式學習如何幫我們達到這些目標。

> 當學生獲得機會自己完成認知任務，他們會沿著事實與技能發展出可遷移的深度概念性理解。

歸納式教學

在這個部分我們得到機會自己去建構並且表達理解。

▶ 圖 4.1 · 歸納式的教與學

來源：David Ford Cartoons, davidford4@comcast.net. 經許可使用。

探究式學習

　　探究式學習是世界各地都有學校採納的教學取徑，以下是法蘭克福國際學校（Frankfurt International School）幼兒園的蓋兒（Gayle）老師在課堂上運用探究式學習的精采案例，她跟學生正在進行以「保持安全」為標題，以「負責」為概念透鏡的單元。在閱讀這個單元的各項學習經驗時，留意她在學生調查不同情境中的安全之後，如何幫助他們統整想法。學生們如何從彼此的提問中學習，以建構可遷移的通則？考量在整堂課中，事實性知識如何成為銜接學生想法與單元通則的基礎。

　　我用「**負責**如何有助於提升安全」這個概念性問題吸引學生思考，激起他們的興趣以展開這個單元。參訪本地消防隊的校外教學提供了開始蒐集資料的好機會，學生學到火災發生時的安全。回到教室後，我幫學生把他們蒐集的事實記錄在班級筆記中，接下米，一位本地警官米訪，他說明了過馬路的安全規則，學生熱烈的把新資訊加進班級筆記。

　　我有意識的決定在這個單元要鼓勵學生進行自主性探究，因此邀請每個孩子選擇一個自己有興趣的脈絡以進一步學習。學生依興趣編成小組，研究游泳、烹飪、騎單車、打棒球以及工作場合等不同場景中的安全。許多社區成員願意接受訪談，學生問道：「你做了什麼來確保自己以及其他人的安全？」從學生的研究中，新的事實持續加進我們班級的安全手冊。

　　過去我大概會在這裡結束探究，然後我們就會有一本關於社區安全的好書。但因為我學了更多概念為本的教學單元，我想進一步支持概念性理解與遷移。為了能夠幫助學生搭起從事實到概念層次思考的鷹架，我先要求他們幫我把書裡的事實彙總為以下概念性類別：設備、保護性衣物、規定與法律等，其次我邀請學生檢視每種類別中的資訊，然後口頭完成這樣的句子：「我瞭解……人們……〔類別〕……」。學生能夠回答：

- 人們在我們社區使用特殊設備保障我們的安全。
- 人們穿著保護性衣物以保持身體安全。
- 人們遵守規定以保持自己以及他人安全。

　　我們返回到此單元的概念透鏡「負責」以結束這個單元，從提供比較與對照的各類豐富事實加上我的引導提問，學生能夠說出一個涵義更廣的通則以彙總他們的學習：「人們負責任以保障自己與他人的安全。」

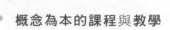

透過探究的學習可能、也應該從早到晚持續發生，探究是當我們為了探求意義而成為投入的學習者時，既自然又自發的狀態，「探究為本的學習將學校的目標從事實的短期記憶轉化成有紀律的提問與真相調查」（Wolk, 2008, p. 117）。

與概念為本的教學目標自然結合的探究式學習有兩種取徑，這兩種取徑的基本差異在於挑戰的性質，以及老師的支持形式與程度。

1. **結構式探究**（Structured Inquiry）：在結構式探究中，由老師決定問題與事實性資訊，而學生則負責分析並汲取出自己的概念性理解，老師透過引導問題幫助學生把思考從事實與技能銜接到通則。

2. **引導式探究**（Guided Inquiry）：當採用引導式探究時，老師只決定大範圍的主題，而由師生共同提出問題以形成探究方向。在引導式探究取徑中，學生在背景選擇、研究問題的調查過程，以及如何呈現他們的發現等方面有較高的選擇程度。

讓學生承擔更多的責任有助於他們發現學習與個人的關聯。當採納引導式探究取徑時，概念為本的老師還是會刻意選擇這堂課的重要概念，以及有助於學生產生通則的教學策略，老師透過這樣的歷程給予回饋與引導提問，以確保學生透過綜效性思考深化理解。老師運用上課所研讀的一系列事實性例證，幫助學生在事例與概念間產生連結，以達成共通的概念性理解。

身為教育工作者，我們的責任是引用學業標準，並確切執行首尾連貫、說明清楚的課程，這是概念為本教學運用結構式或引導式取徑進行探究的另一個理由。老師們選擇最適合學生以及學習內容的探究取徑；取徑有時會改變，可能在一個單元中的某幾堂課採取較為結構的探究，而在其他幾堂課運用較為引導的取徑。

設計概念為本教學單元的困難與解決方案

　　就概念為本的教學而言，和規劃課程單元（curriculum unit）一樣重要的是設計出實現單元學習目標的教學單元計畫（lesson plans）。本章前面討論了概念為本的課程如何渾然天成的在教學中運用探究歷程，以作為處理單元學習目標的方法。不幸的是，在完成豐富的課程單元後，執行上卻常常脫節，事實上，我們從核閱實施概念為本模式的學校與學區的課程單元與教學單元計畫中發現，問題最常發生在教學單元計畫的層面。

　　第五章將更深入研究概念為本教學單元計畫的步驟與基準，本節討論先聚焦於教學單元計畫常遭遇的兩個困難。首先，下過一番苦功完成了三維度的課程單元設計後，概念為本的新手教師可能在教學單元設計中，喪失探究品質與概念性思考兩個焦點，不經意的讓教學單元設計退回二維度及／或演繹式教學；再者，為跨學科單元設計教學單元計畫時，容易因為採用探究式取徑，而假設單元中所有學科都已經妥善處理，以下分別討論。

　　第一個困難是：考量二維度教學單元與三維度教學單元的比較。要記得，三維度概念為本的課程特色是明確陳述學生必須**知道、理解、會做**什麼。新手老師依據概念為本的單元發展教學單元計畫時，可能在處理所有的課程學習目標中進退失據，尤其在教理解（通則）時。以至於教學單元的學習經驗打回原形，變成聚焦於二維度的事實內容與技能，並沒有支持學生透過探究歷程運用事實與技能，銜接到三維度的可遷移理解。一起來看一個一年級的例子：

　　「我們已經準備好要檢查這個禮拜剛教的拼字表，回家複習還要練習
　　　寫這些字，為禮拜五的考試做準備。」

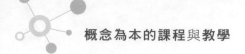

以上學習經驗以技能（二維度）為基礎，也就是說，老師沒有預期學生會從這一課產生概念性理解，學生也沒有運用探究去瞭解這些字怎麼用。你會重寫這個學習經驗，把它變成三維度嗎？自己想過可能的改寫方式後，再查看本章末所提供的修改參考解答。

第二個困難是從跨學科概念為本課程單元發展教學單元時常見的問題。跨學科單元通常由一個學科作為單元「驅動者」（driver），在實施過程中，單元中的其他學科通常退居二線而由「驅動者」帶動主要學習。例如，聚焦於「我的社區」是小學常見的一個跨學科課程單元，「驅動」這個單元的學科當然是社會研究，其中也可能搭配自然科學、藝術、數學和語文藝術等學科。

跨學科課程單元的優點很多：讓學生從來自不同學科的內容中看到真實的連結，也從不同學科的觀點思考問題或議題，同時幫助老師有效運用上課時間。然而試圖分別完成所有學科領域的課程單元，可能變成規劃與實施的一場噩夢，因為跨學科課程組合複製了「真實人生」，鮮有複雜的爭議或議題僅涉及單一面向的資訊。

因此我們要覺察跨學科設計可能遇到的問題：在撰寫教學單元時，老師選擇的學習經驗通常圍繞著我們稱為「驅動者」的那一個學科，而以犧牲其他學科為代價！這個問題遇到有專屬的知識與歷程，又依賴螺旋型標準的學科時特別惱人，例如：英文語言藝術的教學順序以及數學的標準各有其目的，因而需要適當的教學時程安排，如果這些學業標準在教學單元中只用活動形式「順便帶到」的話，讓步的結果是降低了學生在關鍵知識、歷程、策略以及技能等方面所達到的概念性理解。

因為英文與數學的學科素養是未來在學校學習成功的基礎，我們認為這兩個學科需要有獨立或平行的單元及／或教學單元，以循序而完備的發展必要的歷程與技能，當然學到的技能也要在跨學科課程中強化演練。總之，我們需要聚焦而慎思的計畫，以提供歷程與技能發展的深度。這樣的跨學科課程看起來會像什麼樣子呢？

來看看一個整合社會研究和英文語言藝術的四年級單元樣本，課程單元中英文的學習目標來自美國各州共同核心標準（Common Core State Standards, 2010）的英文語言藝術部分：

CCSS.ELA-Literacy（識讀能力）.RL.4.1（Language Arts Skill，語言藝術技能）：在解釋文本的明確意義以及從文本引申推論時，引用文本中的細節與事例。

本單元的社會研究學業標準則由美國教育延伸（American Education Reaches Out, AERO）附加共同核心標準（Common Core Plus, 2012）改編：

標準 2（Connections and Conflict，連結與衝突）：知道個人、團體與社會之間衝突的各種原因與結果。

這個單元的標題是「為平等而奮鬥：改變世界的領導者」。單元中的一個通則是：「**強烈的信念能夠驅策行動，產生為平等奮鬥的領導者**」。在這堂課之前，此單元的教學單元已經要求學生閱讀馬丁・路德・金恩二世、內爾森・曼德拉、泰瑞莎修女、聖雄甘地、西薩・夏維茲（Cesar Chavez）、馬拉拉・優薩福扎伊（Malala Yousafzai）等為平等奮鬥的領導者的書籍，學生可以選擇其中一位領導者進行調查研究，提出這些領導者為促進平等而努力的相關問題，並回應這些問題。

接下來，選讀同一位領導者的學生形成一個小組，每位小組成員搜尋這位領導者關於平等的**信念**與**行動**，互相分享並共同記錄自己的發現。

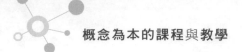

以下是最後一課的摘要：

我們已經談了不少關於**平等**的概念，每一組也蒐集了許多關於特定領導者的資訊，現在你們要重新分組，由研讀不同領導者的同學組成新的小組。我要你們運用在新小組中蒐集到不同領導者的資訊，比較並且對照領導者的**信念**與**行動**，仔細檢視文本中呈現一個人的信念與行動之間關係的細節與事例，我希望你**推論**一個人如何變成為平等抗爭的領導者，你認為是什麼產生了這樣的領導者？

最後，每組要寫出一個表達**行動**與**信念**以及為**平等**奮鬥的**領導者**之間關係的「大概念」句子（通則），確定你運用我們一路沿用於「大概念」的句子結構：「我們瞭解……（子句）」

你是否看到老師嘗試合併教學單元中社會研究與英文語言學習所遭遇的困難？社會研究的內容是這節課的主要焦點，學生一直在讀書，但是沒有一節課聚焦在閱讀歷程。這個教學單元應該要處理的英文語言藝術技能標準「產生推論」，只是在最後一課「順便帶到」！推論是一個複雜的策略，然而常見的教學單元，例如上面描述的這一堂課，學生的學習乃是建立在假設之上，以下是這堂課的三個假設：

1. 因為這一課採用探究式取徑，學生將會達成英文語言藝術學科標準所設定的概念性理解。
2. 因為老師指定了需要引申推論的活動，教學中已經處理了這個學業標準。
3. 藉著實際操作引申推論，學生將能夠順利的把「引申推論」這個策略遷移到其他文本與情境。

現在我們要解決這兩個困難。在以下的改寫中，讀者將發現英文語言藝術教學單元獨立於社會課，因為推論這個學業標準的複雜程度與重要性需要學生達到概念層次的理解，因此必須另外上英文課。如果我們沒有審慎的為複雜的策略設計概念性教學單元，我們常發現學生只會一天，過幾天或換個脈絡就需要重新再教一次，我們希望幫助學生從「操作」技能推進到運用埋解「操作」。學生需要特定的英文語言藝術學習經驗才可能達到概念性理解，如果學生只是在內容為主的教學單元中練習「操作」，老師冒的風險是對學生理解複雜的技能與策略產生了不切實際的信心。事實上，如果希望學生在跨學科課程中運用複雜的策略與技能，理想的做法是事先透過平行實施、學科內統整以及概念為本的英文語言藝術單元，運用概念化與整體性的方法先教會學生，這樣將確保學生對如何運用相關歷程、策略及技能，以及為什麼這樣運用得到概念性理解，以免發生有人會、有人不會這種隨機情事，而後繼續在跨學科單元中練習並強化這些策略與技能。有時候我們**的確**要透過**跨學科**的觀點去檢視問題與議題，然而，**事實是：跨學科課程中各個單一學科的埋解水準到哪裡，跨學科課程的作品品質頂多就到那裡**。

在接下來這兩個教學單元範本中，讀者會看到概念性理解在英文語言藝術教學單元計畫以及社會研究教學單元計畫中都得到更整全的處理，這兩個教學單元都維持探究式取徑以推動學生思考到瞭解通則。留意推論策略如何被拆解成推論的關鍵要素：提問技能。其他支持推論策略的技能（見 Lanning, 2009）將在未來的教學單元中討論，以幫助學生瞭解推論策略如何增進閱讀理解，以及為什麼對閱讀理解如此重要。

當學生逐漸理解英文語言藝術教學單元中的通則時（接下來需要用不同文本以及支持性技能多上幾堂課），他們已經做好準備，可以順利的把這些策略應用於社會研究教學單元。

概念為本的英文語言藝術教學單元計畫

單元標題：改變世界的領導者：為平等而奮鬥

年級：四

概念透鏡：推論

主題：跨學科單元：社會研究與英文語言藝術

教學單元編號：11

教學單元時間架構：一日教學單元

> 為了維持學科的整全性，這一堂英文語言藝術課聚焦於以推論作為概念透鏡。推論（形成推論）是一個複雜的理解策略，有許多較小的技能鑲嵌其中使推論得以發生，本課聚焦於詢問重要問題以建立推論的基礎。

◆ **教學單元開場白（教學單元開始時和學生溝通）**

我們已經學過推論的策略以及推論在閱讀理解中的重要性，前面幾課的重點是形成推論的技巧，今天要學的是讀者在進行推論時會問的更多問題。

◆ **學習目標：學生會理解（通則）、知道及會做（技能）什麼**

通則：

讀者在引申推論時會引用文本中的細節與事例。

這一課的通則提升了教與學的水準，概念為本的教學運用了探究式取徑，幫助學生從技能操作推進到概念性理解，因此，老師不在教學單元開始時說明通則。

引導問題

1. 「推論」的意義是什麼？（事實性）
2. 作者如何創造機會幫助讀者形成推論？（概念性）
3. 讀者運用哪些類型的問題以利於形成推論？（概念性）
4. 文本中的細節與事例如何幫助讀者發現隱藏的意義？（概念性）
5. 對作者而言，用隱含的方式呈現意義，以保持作品鮮活有趣有多麼重要？（可辯論）

◆ 教材／資源

- 《甘地是誰？》（*Who Was Gandhi?*）作者：達娜・米真・饒（Dana Meachen Rau）
- 《成為變革：祖父甘地的故事》（*Be the Change: A Grandfather Gandhi Story*）作者：阿潤・甘地（Arun Gandhi）與貝詩妮・黑哲篤（Bethany Hegedus）
- 《國家地理讀本：教宗方濟各》（*National Geographic Readers: Pope Francis*）作者：芭芭拉・克雷默（Barbara Kramer）
- 《教宗方濟各：我們教宗的故事》（*Pope Francis: The Story of Our Pope*）作者：艾里斯・崔佛斯（Ailis Travers）
- 《馬拉拉・優薩福扎伊的故事：捍衛學習權》（*For the Right to Learn: Malala Yousafzai's Story*）作者：蕾貝卡・蘭絲頓－喬治（Rebecca Langston-George）
- 《馬拉拉・優薩福扎伊是誰？》（*Who Is Malala Yousafzai*）作者：迪娜・布朗

（Dinah Brown）

- 《泰瑞莎修女》（第一傳記）（*Mother Teresa* [First Biographies]）作者：蘿拉・薛佛（Lola M. Schaefer）

- 《泰瑞莎修女》（*Mother Teresa*）作者：保羅・哈里遜（Paul Harrison）

- 《希望豐收：西薩・夏維茲的故事》（*Harvesting Hope: The Story of Cesar Chavez*）作者：凱瑟琳・克如爾（Kathleen Krull）

- 《西薩・夏維茲》（西裔與拉丁裔美國偉人）（*Cesar Chavez* [Great Hispanic and Latino Americans]）作者：克莉絲汀・華瑞茲（Christine Juarez）

- 《易讀傳記：西薩・夏維茲》（*Easy Reader Biographies: Cesar Chavez*）作者：艾瑞克・查斯沃（Eric Charlesworth）

- 《內爾森・曼德拉》（*Nelson Mandela*）作者：卡地爾・內爾森（Kadir Nelson）

- 《內爾森・曼德拉》（*Nelson Mandela*）作者：法蘭絲・瑞德利（Frances Ridley）

- 《內爾森・曼德拉：囚徒變總統》（步入閱讀）（*Nelson Mandela: From Prinsoner to President* [Step into Reading]）作者：蘇西・卡波席（Suzy Capozzi）

關鍵內容（知道）	主要技能（會做）
支線：瞭解文本 ・推論的意義 ・文本細節與例證	CCSS.ELA-識讀能力.RL.4.1 在解釋文本的明確意義以及從文本引申推論時，引用文本中的細節與例證
支線：反應文本 ・領導者的個性特質以建立個人化連結	
支線：評析文本 ・領導者貢獻的價值	
支線：生成文本 ・日誌記錄的基準	

學習經驗	差異化教學
學生從老師提供的選讀書單中挑選（詳見單元資源）並閱讀一本符合教學程度或獨立閱讀程度的書籍，內容關於為平等奮鬥的領袖。 1. 老師說：「我們一起回頭看看我們共同創造，幫我們進行閱讀策略自我調節的問題表。我們發現解析理解時，我們需要問一些問題，像『這樣合理嗎？』『我錯失了什麼線索，以至於弄不清楚發生了什麼？』或『我會不會用修補（fix-up）技巧（例如：放聲閱讀、放慢閱讀、預讀、重讀……）來幫忙？』」 現在大家想想，作為一個優秀的讀者，哪些類型的問題有助於推論策略？	學生選擇自己閱讀的文本，依據興趣的差異化教學。
2. 老師先用 5 到 10 分鐘進行引導提問「推論是什麼？」的迷你教學單元，用以定義推論。 接下來老師（放聲思考）示範讀者在形成推論時可能會問的問題，老師可能用短篇非小說新聞、雜誌或網路文章（但必須富含引申推論的可能性）作為文本。老師放聲閱讀文本。	

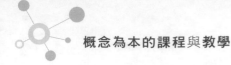

學習經驗	差異化教學
以下是閱讀後放聲思考的示範： ・**我懷疑「這篇文章裡缺少了什麼資訊？」**作者留給了我這個讀者一些任務，我看到很多關於海倫‧凱勒的書名，以及談話主題的細節，但是這篇文章沒有真的說出她為什麼這麼拚命工作？我很好奇驅動她的是什麼因素？ ・我在想海倫‧凱勒對她所做的事情一定保有高度的熱忱，**文本的什麼地方支持這個想法？** － 轉身跟一個夥伴討論，看能不能在文本中找到顯示海倫堅定信念的例子。 － 啊！的確有幾個例子說她幫助聾人與盲人的工作，我想因為她自己經驗過看不見、聽不見有多痛苦，所以才如此熱情。 ・**從這些例子裡，我是否看到什麼模式（pattern）萌生？**的確有，我發現了海倫多麼深信所有人都應該擁有平等的機會。	
3. 學生現在要練習上述示範中的教學重點。 老師將讀同一本書的學生配對，然後要求學生回顧自己原來閱讀的書本，思考下列問題並和夥伴分享想法。 ・書裡的哪些細節和例證幫助你辨認出領導者的信念？ ・作者在哪些地方提供你明確的資訊？哪些地方遺漏了資訊？ ・身為讀者，你問的哪些問題有助於你弄清楚書中的暗示？	不同閱讀程度的文本。
4. 教學單元評量：老師要學生回到自己座位，在閱讀日誌中回答以下問題： ・引用細節跟例證如何幫助我從書裡引申出推論？ 結束關於推論的討論，老師問：「作者如果遺漏一些資訊而留給讀者形成推論，你認為對讀者有什麼影響？」及／或「作者用暗示表達意義，對保持作品有趣、鮮活而不落俗套有多麼重要？」	

概念為本的社會研究教學單元計畫

單元標題：改變世界的領導者：為平等而奮鬥

年級：四

概念透鏡：平等

主題：跨學科單元：社會研究與英文語言藝術

教學單元編號：12

教學單元時間架構：三至四日教學單元

> 　　就這一堂課而言，平等是這個單元的概念透鏡，並且提供學習的深度
> 與焦點，學習經驗要求學生調查某個人與平等這個概念相關的信念、行動
> 及領導力。在此之前，學生先閱讀書籍並深化他們的知識、理解以及與本
> 課相關的技能，尤其關於推論策略。

◆ **教學單元開場白（教學單元開始時和學生溝通）**

　　選擇一位領導者，閱讀她或他為平等所做的奮鬥。今天我們將以小組方式
搜尋關於領導的共同想法，以回答這兩個大問題：

1. 領導者的信念與行動之間有什麼關係？
2. 領導者的行動如何引領變革？

◆ **學習目標：學生會理解（通則）、知道及會做（技能）什麼**

　　通則：

　　強烈的信念會驅策行動，進而產生為平等奮鬥的領導者。

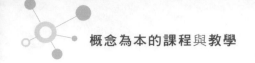

> 本課的通則提升了教與學的水準，概念為本的教學運用了引導式探究，幫助學生從事實推進到概念性理解，因此，老師不在教學單元開始時說明通則。

引導問題

- 你選擇的領導者試圖幫助哪一群人？（事實性）
- 你選擇的領導者相信有哪些與平等相關的爭議？（事實性）
- 你選擇的領導者採取什麼行動為平等奮鬥？（事實性）
- 哪些行動導致一般人接受你所選擇的領導者？（事實性）
- 信念如何驅策行動？（概念性）
- 行動如何為領導者的興起奠定基礎？（概念性）
- 你抱持的哪些堅定信念可能使你像變革領導者一樣的行動？（事實性）
- 本於那些可能讓你成為變革領導者的信念，你會採取哪些行動？（可辯論）

關鍵內容（知道）	主要技能（會做）
標準 1：時間的連續性與變革 1.5.b 知道社會的特定變革（例如：政治、社會、文化） 1.5.c 知道歷史中的因果關係 * 改編自美國教育延伸（AERO）附加共同核心標準（2012）	**社會研究技能：組織與詮釋資料** 選擇並運用圖形組織工具與圖形，以整理及分類資訊、連結並辨認議題、解決問題、形成決策。
標準 2：連結與衝突 認識個人、團體及社會各種衝突的原因與結果。 * 改編自美國教育延伸（AERO）附加共同核心標準（2012）	・CCSS.ELA-識讀能力.RL.4.1 在解釋文本的明確意義以及從文本引申推論時，引用文本中的細節與例證。

通則、關鍵內容、主要技能代表本教學單元計畫的學習目標。

閱讀下面學習經驗時，留意老師如何細心設計連結事實例證與「信念」、「行動」等概念的任務。事實與概念的結合促進綜效性思考，進而使學生能夠建構通則。

學習經驗	差異化教學
1. 閱讀同一位領導者的學生形成一個小組，每位小組成員找出這位領導者對平等的信念與行動，記錄於下表並分享自己的發現。 **選擇的領導者：** 我們選擇的領導者試圖幫助哪個群體？ | 我們選擇的領導者對平等的信念有哪些證據： | 哪些行動導致一般人接受你選擇的領導人？	學生選擇自己有興趣的領導者。 文本適合不同的閱讀程度。
2. 學生重新組成混合小組，混合小組成員研讀了四個不同的領導者，學生運用在原來小組中創造的記錄表，分享每位領導者的事實性知識。接下來學生探討四位領導者信念與行動的相同與相異點，然後老師要學生運用不同領導者的相關事實證據形成**推論**，回應下面兩個問題： ・信念如何驅策行動？ ・行動如何支持領導者的興起？ 學生可能在討論中加上其他的探究問題。	混合能力形成的小組，提供所有人互相學習的機會。
3. 老師要求混合小組的每一個學生，寫下一個表達以下概念間關係的句子：信念、行動及平權領導者。 我們瞭解……	
4. 每個小組分享自己的通則，用海報紙將通則貼在教室四周，相同或非常相似的貼在一起。老師可以要學生從記錄表中找出事實資訊作為支持通則的證據。	

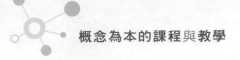
學習經驗	差異化教學
5. 教學單元結束前，老師發言進行最後的統整：「我們在這一課研究的人們，透過領導力為世界產生正向的差異，我要你們在下課前花五分鐘回答以下問題並寫下個人的反思：『你堅守的信念有哪些？』以及『基於這些信念，你會採取哪些行動使你變成變革的領導者？』」	

◆ 教材／資源

- 《甘地是誰？》（*Who Was Gandhi?*）作者：達娜・米真・饒（Dana Meachen Rau）

- 《成為變革：祖父甘地的故事》（*Be the Change: A Grandfather Gandhi Story*）作者：阿潤・甘地（Arun Gandhi）與貝詩妮・黑哲篤（Bethany Hegedus）

- 《國家地理讀本：教宗方濟各》（*National Geographic Readers: Pope Francis*）作者：芭芭拉・克雷默（Barbara Kramer）

- 《教宗方濟各：我們教宗的故事》（*Pope Francis: The Story of Our Pope*）作者：艾里斯・崔佛斯（Ailis Travers）

- 《馬拉拉・優薩福扎伊的故事：捍衛學習權》（*For the Right to Learn: Malala Yousafzai's Story*）作者：蕾貝卡・蘭絲頓－喬治（Rebecca Langston-George）

- 《馬拉拉・優薩福扎伊是誰？》（*Who Is Malala Yousafzai*）作者：迪娜・布朗（Dinah Brown）

- 《泰瑞莎修女》（第一傳記）（*Mother Teresa* [First Biographies]）作者：蘿拉・薛佛（Lola M. Schaefer）

- 《泰瑞莎修女》（*Mother Teresa*）作者：保羅・哈里遜（Paul Harrison）

- 《希望豐收：西薩・夏維茲的故事》（*Harvesting Hope: The Story of Cesar Chavez*）作者：凱瑟琳・克如爾（Kathleen Krull）

- 《西薩・夏維茲》（西裔與拉丁裔美國偉人）（*Cesar Chavez* [Great Hispanic and Latino Americans]）作者：克莉絲汀・華瑞茲（Christine Juarez）

- 《易讀傳記：西薩・夏維茲》（*Easy Reader Biographies: Cesar Chavez*）作者：艾瑞克・查斯沃（Eric Charlesworth）
- 《內爾森・曼德拉》（*Nelson Mandela*）作者：卡地爾・內爾森（Kadir Nelson）
- 《內爾森・曼德拉》（*Nelson Mandela*）作者：法蘭絲・瑞德利（Frances Ridley）
- 《內爾森・曼德拉：囚徒變總統》（步入閱讀）（*Nelson Mandela: From Prinsoner to President* [Step into Reading]）作者：蘇西・卡波席（Suzy Capozzi）

　　如同這些教學單元計畫建議，當學生必須透過像**平等**或**推論**等概念透鏡思考事實資訊時，他們會帶著自己的高階層次思考進入學習，概念透鏡有助於統合並聚焦兩個學科的學習目標，使學生的思考具有綜效性與個別性。透過探究，學生可以建構意義並發現關聯性，因而擁有主動的學習，更能夠遷移並留存學習的結果。

　　在同一單元的後續教學單元中，老師繼續提出精心設計的事實性與概念性問題，以創造連接事實與技能到單元中其他通則的橋梁。這兩個學科從跨學科單元中的某個時點開始演變出分立的教學單元，因此推論這個複雜的閱讀策略不只被當成「順便帶到」的技能，一旦學生對如何運用這個閱讀策略有了深度理解，他們就準備好在社會研究中順暢的運用推論策略。

如何使我的教學單元更加以概念為本？

　　圖形組織工具是幫助學生組織與詮釋資訊的有效工具，同時也是從二維度教學單元轉變成三維度教學單元的便捷起點。身為一個概念為本的老師，你會希望改編或設計促進思考統整的圖形組織工具。換言之，我們希望學生從僅僅填完「什麼、為什麼、如何」等空格的表格工具者，或在文氏圖（Venn diagram）填滿事實這類任務向上提升；我們希望運用的教學工具能夠要求學生統整、連結資訊，並且發展可遷移到新學習情境的理解。在資源 C 的單元中，讀者將發現有助於激發想像力的幾個範例。榮恩·睿察（Ritchhart, 2015）再次掌握以理解為目標的教學單元設計為什麼對學生有益：

> 理解繫於充分統整並連結的資訊，這意味著理解超越僅僅擁有一套孤立的事實或技能；理解需要編織知識以連結不同的想法，這張連結與關係的網絡成為將想法付諸實踐、發現技能在新情境中的適用性，以及創造新想法的工具。（p. 47）

彙　總

　　本章深入探討概念為本教學單元中的探究式教學，包括歸納式與演繹式教學，以及結構式與引導式探究，它們都可以自然的融入概念為本的教學目標。

　　概念為本的教學藉引導學生進行深度的概念性理解，以建立探究的基礎。本章最後提出老師應用概念為本的單元設計於教學單元實踐時，常見的兩個問題，隨後提出我們建議的解決方法。

　　第五章將探討如何培養概念為本的師資，並提供從新手老師到專家老師的連續歷程中，界定不同階段特徵的規準。

延伸思考

❶ 蓋兒老師如何帶動學生進行綜效性思考？

❷ 老師在選擇最適合的教學實作（例如：結構式、引導式、開放性探究或直接講述）時，會考慮什麼？

❸ 概念為本的教學如何強化探究歷程？

❹ 概念為本的老師可能會安排教學單元內容、教學歷程、學生產出、學習環境的差異化設計，但絕不就教學單元的通則目標進行差異化，為什麼？

❺ 為什麼教學單元計畫（lesson plan）常常無法落實概念為本單元的重要原則？

❻ 為什麼透過概念為本的教學單元教重要的語言歷程很重要，而不是在以知識內容為主的教學單元中「順便帶到」就好？

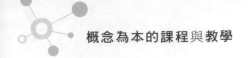

可行的解決方法：修改二維度拼字課

教師對話

　　還記得在前一堂課中，我們如何發現有相同尾音的字母**模式**（pattern）嗎？（老師引用前一張表。）

　　今天我們要思考一組中間有長子音的單字（老師在海報紙上貼上幾個長子音單字的照片）。我有一個三欄表：A－E－O。我會唸出圖片代表的字，仔細聽中間的子音，然後幫我把圖片整理到右邊欄位。（老師誇張的讀出每一個字中間的長子音。）

　　很好！現在我們已經按照長子音把圖片整理好，接著我們要看這些字的正確拼法（老師把拼字寫在 A 欄的圖片旁）。我希望你變成優秀的拼字偵探來回答這個問題：「A 欄中有什麼拼字的**模式**提示我們中間要發長子音？」

　　好棒的拼字任務！現在輪到你帶著裝字的信封，回到座位去完成 E 欄跟 O 欄，看你能不能發現提示我們這些字中間要發長子音的拼字模式。做個優秀的偵探，因為你們可能發現不只一種模式。很快的，從我們所有的拼字任務中，我們要能夠寫出關於拼字模式與發音的一句「大概念」。

發展中的概念為本教師
與自我評量

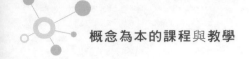
第四章詳細解釋了概念為本的教學如何、以及為何要把課堂教學法從只教事實與技能轉移到引導學生獲得概念性理解。

大家常問需要多久才能「精熟」概念為本的課程設計以及概念為本的教學法。我們認為學習是個人化的活動，與是否有機會接觸良師益友，得到重要回饋時有沒有機會應用高度相關。跟學習任何新事物一樣：要花時間。我們最欣慰的是聽到改採概念為本模式後，老師們一再告訴我們：「我絕不考慮再用以往的方式進行教學。」

本書試圖為你的概念為本之旅提供一條捷徑，一路頌揚重大頓悟也慶祝微小進展。我們邀請你把概念為本的教學經驗寫成日誌——哪些對你和學生有效？哪些疑問依然縈繞不去？

老師在規劃與設計學習經驗時，需要匯聚教學的藝術與科學才能夠啟迪學生智識，同時又引導學生對學習內容得到深入理解。概念為本的教學讓會思考的老師邀請學生投入思考，並協助處理傳統教學中淺淺帶過大量事實與技能而欠缺深度的問題。

概念為本之旅

以下是本書主要作者琳恩‧艾瑞克森的概念為本學習之旅，作者現身說法以強化深度理解需要時間淬鍊的信念。

經常有人問我怎麼會對概念以及知識的結構產生興趣？話說三十年前，我在華盛頓州西雅圖市南邊的一個大型學區擔任課程主任，有一次自然科學委員會邀請波特蘭州立大學的大衛‧考克斯（David Cox）教授來分享「科學中的概念」（Concepts in Science）這個主題，他的演說內容深深吸引了我，我跟身旁一位老師說：「這好重要！為什麼我很少聽說概念對課程與教學的設計這麼重要？」

在接下來的八年，我們的課程委員會提取出了 K-12 各年級、各學科事實知識的概念架構。但在那時候，我自己的理解之路才剛開始，我不會寫通則和原理，我也還沒想通這兩者對教與學的重要性。這些年來，我對概念為本的課程與教學（CBCI）的理解隨著洞察力支撐形成的路徑逐漸進化：

第 1 − 5 年

· 概念讓我們會分類具體或事實性事例。

· 概念具有以下屬性：不受時間限制、抽象化、普世性、具有相同屬性的不同事例。

· 概念要求比事實層次更深入的理解。

第 6 − 9 年

· 通則（普世性）是兩個或更多概念之間的關係陳述構成的句子。

· 通則具有以下屬性：大致不受時間限制、抽象化、普世性、不同情境下的事例支持同一個通則。

· 原理的寫法跟通則一樣，但在句子裡不用保留性副詞（**通常、可以、可能**），因為原理被認為是各學科的基礎事實（例如：數學定理、經濟原理，或科學定律，例如牛頓定律或波以耳定律），一個學科中的通則遠多於原理。

第 10 − 12 年

· **歸納式的**教會通則與原理，運用事實基礎作為工具，從事實資訊中發展出深入的理解，並強調知識概念化以及可遷移的重要性。

第 13－23 年

- CBCI 凸顯了概念的維度，因此是三維度的設計模式。因為老師和學生必須超越教完資訊這種較為傳統的二維度模式，三維度模式吸引智識投入到事實與概念兩個層次，因而提升了教與學的水準。
- 智識的啟發需要有意識的致力於課程與教學設計，以建立事實層次與概念性思考層次之間的綜效性交互激盪。
- 概念性思維就是個人的智識，個人的智識會發現關聯性、看出連結與模式、遷移知識，也是開啟學習動機的鑰匙。

第 23－30 年

- 這些年我深受二十一年來的同事兼密友洛薏絲・蘭寧的啟發，她對歷程性學科概念本質獨到的研究和我的研究結合，賦予 CBCI 完整全貌。以前主要藉由實作標準定義的歷程性學科，終於有了更貼近學科意圖的概念性架構。知識性結構與歷程性結構之間的交互作用對所有學科都很重要。

　　轉變成概念為本的教學要花時間，但研究顯示不論教學實務改變多少，「在（新的實務）實施的第二年，老師們幾乎都會比第一年獲得更好的成效。第一年是實驗期，到了第二年，下的功夫通常更細緻而有效率」（Guskey, 2000, p. 10）。一旦老師內化了概念為本教學的基本原則，並且有意圖的實施這種教學法，他們「全盤接受」而且說他們絕對不會再回到二維度的模式。

　　老師們有時候覺得有太多高來高去的創新與策略，教學中如果不加上各種新玩意兒就「趕不上潮流」；也有些老師認為**風潮有起有落**，因而悶不吭聲採取以不變應萬變的態度。但在這些不一而足的想法中，有些教學法轉變的呼籲

萌生於高品質的研究基礎，或因為符合教育常理而引起老師的共鳴。從二維度轉變成三維度的教學是世界各地教室裡正在發生的教學轉變之一。

當我們進行教室實務的改變時，對變革有清楚的期望很重要。表 5.1 彙總了概念為本教室的重要特色，以及老師如何促進這些特色得以實現的補充說明。

表 5.1 │ **概念為本教室的特色**

概念為本教室的特色	老師運用……以促進
為達到理解的教學	運用知識與技能為基礎，幫助學生發展能夠穿透時間、跨越文化與情境而遷移的深度概念性理解
清楚的學習目標	在撰寫教學單元計畫時，清楚說明課程單元界定的 KUDs（學生要**知道、理解、會做**的學習目標）
歸納式教學	提供學生時間與輔助，從特定事例發展出抽象的通則，學生因為建構並表達自己的理解，使學習變得更有意義
運用概念透鏡	運用概念透鏡聚焦，確定學習單元的方向，以吸引綜效性思考
綜效性思考	運用概念透鏡、引導提問等工具與策略設計教學單元，以創造事實、技能、概念與通則之間的交互激盪（綜效性思考）
用引導問題搭建低階層次思考與高階層次思考之間的橋梁	刻意平衡事實性與概念性問題，以引導學生朝向通則目標思考，偶爾提出可辯論問題讓學生選擇立場，並為自己的立場辯護
差異化教學	差異化內容、歷程、產品以及影響／學習環境，但所有學生在邁向一致的概念性理解時都得到支持輔導
掌握**知識、理解**與**技能（會做）**的評量	針對特定**知識、理解**與**技能**目標，聚焦於歷程與產品，設計形成性與總結性評量；老師以敘述性回饋作為延伸學生思考、幫助學生專注於學習目標的有效工具
學習的遷移	鼓勵學生把概念性理解遷移到不同甚至更複雜的情境；學生開始這樣的連結時，老師花時間積極聆聽並回應學生

只有一吋深，卻有一哩寬

我們有個課程設計的問題！

▶ 圖 5.1・課程設計的問題

來源：David Ford Cartoons, davidford4@comcast.net. 經許可使用。

教師的態度與信念

讀完我們的書和離開我們的工作坊時，老師會因為概念為本的教學釐清了專業實務的疑惑而興奮不已，然而老師通常在目睹學生學習的改變時才真心應許於概念為本課程。圖 5.2 顯示葛斯基（Thomas Guskey）在「教師改變的模式」（2000, p. 139）提出：教師只有在看到自己學生學習成效改變的證據時，信念與態度的重大改變才會發生。本書的作者之一在引導一個概念為本工作坊之後體驗了這樣的改變。一位參與者趨向發表人說：「這些做法永遠不會在我的學生身上成功。」發表人鼓勵她試試，後來收到令人興奮的消息：

以前我不相信概念為本的教學可能用在我的特殊教育學生身上,後來中年級的特教老師提議我們試試,於是我用一般學生水準的文章和引導式探究帶領學生提取出通則。我樂歪了!我的學生不只達到概念性理解,而且還達到與中年級學生相同的理解水準,現在我是概念為本教學的信徒了。

▶ 圖 5.2・教師改變模式

來源:Guskey, T. (2002). "Professional Development and Teacher Change" in *Teachers and Teaching: Theory and Practice*, Vol. 8, No. 3/4, 2002, Published online 25 Aug, 2010. London: Routledge.

欲求的教學法改變跟教師對學習的潛藏信念與態度是否一致,是決定任何教育場域教學法改變成敗的關鍵因素,榮恩・睿察(Ritchhart, 2015)描繪出決定老師對學生期望的五種教師信念組合。圖 5.3 以連續進程方式呈現了這些信念,暫停片刻反思一下你自己的信念組合,以及可能落在五個度量的什麼位置;思考你的信念如何影響你成為概念為本老師的旅程。

聚焦於學生作品	聚焦於學生學習

教知識	教理解

聚焦於表面學習策略	鼓勵深入學習策略

助長依賴性	助長獨立性

發展固著心態	發展成長心態

▶ 圖 5.3・教師信念組合

來源:以 Ritchhart(2015)描述的構想為基礎。

發展中概念為本教師的規準

在實施 CBCI 時，老師同時發展自己對這套教學法的**知識**、**技能**以及**理解**。本節藉著一組規準來探討教師在下列四個領域的進化途徑：

- 瞭解概念為本的課程與教學
- 概念為本的單元規劃
- 概念為本的教學單元計畫
- 概念為本的教學

每位老師的旅程都是獨一無二的，這四個領域也不一定按照順序進展，重要的是每位老師都從概念為本課程與教學的基本瞭解開始，在任何一個領域有了進展，其他領域的改善會自然跟上。

 瞭解概念為本的課程與教學

如果我們只是要求老師採用概念為本教學法，但沒有為老師安排專業成長增進理解，那是我們製造老師的失敗。本書的共同作者瑞秋‧法蘭奇反思了自己成為概念為本教師的學習歷程：

前面兩、三年充滿了挫折感，我既不瞭解概念為本課程的基本原則，也不知道如何搭鷹架來支撐學生的思考。當時我被期待要推動概念為本的單元規劃，我在每個單元都設計了單一的概念性理解，也列出兩、三個宏觀概念，在單元教學開始時，我會把通則貼在牆上，其實我用的是演繹式教學法。在這個階段，我的課程徒有概念為本之名，實際上，大都是只有二維度的教法！是這本非凡著作的第一版引發了我的課堂改變，運用歸納法，在一個單元中引導出五到几個通則這個想法，讓我在頃刻間頓悟而興奮不已。現在我弄清楚了，以前在教室裡只有我一個人進行主要的思考！但是，當我輔助學生建構自己的理解時，他們會記得，也會賦予學習內容關聯性。當我學會如何引導與輔助學生提取自己的通則時，學生變成動機強烈、高度投入的思考者與學習者。

老師需要持續的專業成長，才可能以概念性理解為目標重新設計課程。工作坊可能有效率的對一大群老師介紹概念為本課程的教學法，並且發展出共享的理解或共同語彙，然而，少了後續訓練安排，這種教學法不太可能持續。如同其他實作的改變，理解、知識、技能都要花時間建構。

讀書會、同儕指導或輔導、持續與顧問共事，以及與資深的概念為本實作者協作，皆能支持老師發展對概念為本教學的深入理解。表 5.2「發展中的概念為本教師：瞭解概念為本的課程與教學」描述了許多老師所經歷過的，對概念為本教與學的中心原則形成瞭解的階段。這是一套由洛薏絲‧蘭寧原創，於2014 年與艾瑞克森合著的《轉移到概念為本的課程與教學》（*Transitioning to Concept-Based Curriculum and Instruction*）一書發表的規準。設計這套規準的初心在於提供老師們一個自我評量工具，同時幫老師設定在專業成長歷程中的學習方向以及終點目標。

以下是我們提供的第一份規準，其中列示了以概念為本的老師在不同階段必須瞭解的特質，以確保發展情況符合概念為本教學的目標。花些時間讀一遍這些規準，然後反思你現在對 CBCI 的瞭解。

表 5.2 │ 發展中的概念為本教師：瞭解概念為本的課程與教學

	新手	萌生中	專家
對概念為本教與學的支持	・說出一、兩個支持概念為本教與學的理由	・詳述支持概念為本教與學的主要理由	・詳述支持概念為本課程與教學的主要理由，引述相關的支持文獻
概念為本課程與教學的組成成分 ・概念（宏觀－微觀） ・概念透鏡 ・綜效性思考 ・通則 ・與通則對等而且扣合的引導問題 ・關鍵知識與主要技能 ・實作評量或是活動	・會定義三維度概念為本課程模式與二維度課程模式對比的一些元素 ・從概念列表中區分微觀概念與宏觀概念 ・能說出綜效性思考的定義，但還不會解釋由學生創造綜效性思考的方法	・運用正確的概念為本術語，但可能弄不清楚每個組成成分的原由 ・在核閱概念為本課程與／或教學時，辨認出三維度的組成元素 ・解釋宏觀與微觀概念的差異，並說明知道這些差異的重要性 ・定義綜效性思考，並提出至少一個吸引學生投入綜效性思考的教學技術／策略例子	・運用正確術語以及組成元素的原由，解釋概念為本課程各個組成成分 ・在核閱二維度課程與教學單元時，建議轉變成三維度課程與教學單元模式需要的修改 ・藉解釋如何正確而有效的運用宏觀、微觀概念於概念為本的課程與教學中，展現對宏觀與微觀概念堅實的理解 ・會解釋綜效性思考的價值，並提出一個以上，自己創造而且明顯吸引學生綜效性思考的教學技術／策略例子
持續學習的承諾	・參與概念為本的發表，嘗試用幾個步驟把二維度教學單元改編成三維度教學單元	・參與概念為本課程與教學的專業成長研習，並已嘗試把新的學習放進實務 ・接受正式或非正式指導與輔導 ・獨立閱讀概念為本課程與教學的書籍	・積極參與研習或讀書會，並持續和其他老師溝通與協作（如：指導或輔導）等後續實作，展現對概念為本課程與教學的熱烈支持 ・透過分享學習與領導專業成長，展現深化理解的持續努力 ・持續反思並精進實作

來源：Lois A. Lanning (in Erickson & Lanning, 2014).

概念為本的單元規劃

就概念為本的單元設計流程而言，第三章列示了細心排序的組成元素，藉以確保課程設計的連貫性。在本書資源 D-2 中，我們提供了一個範本以幫助老師寫出條理分明的概念為本課程單元。不論設計者是個別老師或教師團隊，關鍵都在於設計者瞭解單元設計歷程，以及範本中不同欄位之間的關係。

表 5.3 勾勒出單元範本的設計流程，並且說明新手、萌生中與專家老師在設計流程的重要步驟中的工作標準，此外，表 5.3 也反映出本書資源 E「概念為本課程單元的評估檢核表」的摘要資訊，完整的檢核表請參閱資源 E。

表 5.3 | 發展中的概念為本教師：概念為本的單元規劃

單元規劃的組成元素	新手	萌生中	專家
單元概述：	單元概述包括一、兩句話。	單元概述正確描述單元的內容。	單元概述以迷人的情節或刺激思考的問題勾起學生興趣，構成吸引學生投入學習的簡介。
單元標題：	有單元標題，但有時太廣泛（例如「選擇」或「模式」），有時又太狹隘（例如「胞器」或「文法」）。	單元標題寫出內容的重點。	單元標題明確的指出內容重點，挑起興趣並吸引探究。
概念透鏡：		概念透鏡與單元重點稍有關聯，或更適合其他學科或另一個學習單元。	概念透鏡為學習提供適切的焦點與深度，並促進綜效性思考。
單元網絡：		單元網絡上的支線代表學習單元的重要面向，但每一條支線下包含的概念過於宏觀、勉強湊合或重複以前單元的概念。	支線反映了學習單元最重要的面向，每一條支線下列示維持學科整全性（integrity），符合發展年段，同時預告單元學習方向的概念。

單元規劃的組成元素	新手	萌生中	專家
通則／概念性理解：	只明確說出此單元一、兩個通則，用了是（is/are）／有（have）／間接影響（influence）／影響（affect）／衝擊（impact）等薄弱的動詞。	明確說出此單元的五至九個通則，某些用了是／有／間接影響／影響／衝擊等薄弱的動詞，或有其他問題，例如： －被動語氣。 －只有一個概念。 －專有名詞（proper nouns）。	一、兩個與概念透鏡有關係的通則，加上一、兩個精心雕琢代表每條支線中最重要理解的通則。有時（特別在歷程性學科），一個通則適用於一條或多條支線。整體而言，單元通則能夠反映出學習內容與歷程的核心理解。
引導問題：	在單元中有提問，但大多數是事實性問題──鎖定於特定時間、地點或情境之中。	單元中列出事實性、概念性及可辯論性等問題，但這些問題與該單元通則的關聯性不明確。	每一個單元中的通則對應三至五個事實性與概念性混合的引導問題，以支撐學生把思考從事實／技能層次，提升到概念理解層次，單元中還包括二至三個可辯論問題。
關鍵內容知識與主要技能：	該單元有一些主題與技能，但缺乏處理的深度。	誤把關鍵內容知識寫成一套額外的概念性理解（通則），未示列為支持通則或學習單元的基礎性關鍵事實主題。 技能僅適用特定主題情境，太過籠統。	關鍵內容知識解說詳盡、根據學業標準，並取材自相關學科內容中。 主要技能由學業標準中提取出來，有效支持學習，可以遷移到不同應用之中。
終點評量以及評分說明或規準：	單元結束有終點評量：屬於紙筆考試之類的選擇式反應（selected response）測驗。	單元終點評量衡量了事實知識與技能，評量花了相當多的時間與注意力在與學習目標不完全相關的引起動機活動中。 評分說明中的敘述模糊，產生不同使用者標準不一致的情形。	單元終點評量衡量了該單元重要的概念性理解，以及相關的關鍵內容與技能。有效益並且提供回饋教學的資訊。終點表現評量的評分說明提供了學生必須**知道、理解、會做**的基準，以及對學業標準實作表現的期望。

概念為本的教學單元計畫

撰寫教學單元計畫這件事值得投入時間，也是對學生學習的專業性義務，高效能的教學單元不能從現成的教學單元設計中抓來充數。高效能的教學單元有許多組成元素，教學的藝術在這些元素間創造自然的流動，因此資深老師跟抱負遠大的老師從不停止學習。接下來，我們在發展中概念為本教師的脈絡下更深入檢視高效能教學單元的屬性。高品質教學單元有許多面向，因此不仔細規劃而相機行事，便冒了投入努力但沒有學習成效的風險，而且完全不能怪學生！對教學單元思考得越透徹，執行順暢以及達成學習目標的機率越高。我們在資源 D-4.1 提供了概念為本的教學單元計畫範本，以幫助讀者徹底思考教學單元，教學單元範本幫助教學單元元素結構化，使計畫更容易掌握。

概念為本的教師在計畫教學單元時，他們會清楚說明如何有意義的扣合課程單元，他們會設計引導問題以支撐學生從事實與技能發展出高階層次的概念性理解，會規劃適切的事實內容與技能作為學習經驗，為概念性理解提供基礎，從內容、歷程、產品或學習環境影響等面向設計差異化教學單元，以確保所有的學生達到相同的概念性理解。最後，老師們蒐集並運用評量資料以監控**知識**、**理解**與**技能**的發展，並據以規劃未來教學單元。資源 D-4.2 展示一堂概念為本的化學鍵結教學單元作為示例。

蘭寧在表 5.4 敘述了概念為本教學單元計畫的規準，她勾勒出許多概念為本教師思考過並運用在精心雕琢的教學單元中的元素。如同任何新的學習，這樣的規劃在開始時會花些時間，但隨著練習和強大的教師協作團隊支持，會進行得越來越順暢；和同儕協力設計已經是加速教學單元計畫流程的成熟方法。

表 5.4 | 發展中的概念為本教師：概念為本的教學單元計畫

教學單元計畫的組成元素	新手	萌生中	專家
教學單元展開 能夠觸發綜效性思考，直白而動人的概述待完成任務	· 開場白中說明學生即將進行的活動，可能包括這一課要達到的通則	· 開場白中提及概念透鏡，但與內容的連結薄弱，無法吸引學生投入綜效性思考	· 開場白中透過概念性問題或概念透鏡，要學生思考即將學習的知識與／或技能，藉以吸引學生投入綜效性思考
學習目標 期望學生知道（事實性知識）、理解（通則）、會做什麼（技能）	· 教學單元計畫中列示學生必須知道與／或會做什麼	· 辨識出學生必須知道、理解（通則）以及會做什麼，但學習目標太多，難以在上課時間內達成深度學習	· 學習目標代表期望學生知道、理解（通則）以及會做什麼，學習目標數量有限，教與學得以深入而聚焦
引導問題 包括三種類別問題（事實性、概念性、可辯論性）作為銜接概念性思考與問題解決的連結工具	· 教學單元計畫中的問題偏重於事實性知識與例行性日常技能	· 教學單元中的問題反映出事實性、概念性以及可能引起辯論等類型的問題，並且預期學生可能的迷思概念	· 教學單元計畫自始至終都列示了可能的事實性、概念性以及可辯論等類型問題 · 透過縝密的努力設計教學單元提問，幫助學生從事實銜接到概念層次的理解
學習經驗 吸引學生投入智識的任務，提供學生練習所學以達到通則目標（概念性理解）的機會	· 計畫中標示知識與技能的學習目標，但學習經驗中沒有要求學生把知識與技能應用在相關的脈絡中，也沒有明確引導到概念性理解，以及沒有跨越學習情境的遷移 · 教學單元中學生需要完成的任務主要依靠學習單、不連貫的技能，以及對學生沒有智識上／情感上吸引力或沒有真正發生的事實內容	· 學習任務具有尋求概念性理解的企圖，但因舉例不足而路徑不明，或達到概念性理解（通則）的鷹架不夠 · 從學生任務的設計中，看得出教學單元計畫努力的吸引學生興趣以及提供學生選擇 · 指派給學生的作業具備智識與情感吸引力，但不符合學生的挑戰程度	· 學習任務要求學生運用相關學習脈絡下的知識、技能與理解，進行認知上的角力與分析綜合，以導向通則的理解 · 指派給學生的作業符合學生的挑戰程度。有智識與情感吸引力、有意義、與學科相關、給學生適度的選擇 · 審慎設計學習經驗，以促進跨越其他學科或情境的學習遷移

教學單元計畫的組成元素	新手	萌生中	專家
評量方法 依據教學單元學習目標（知道、理解、會做）、評量目的（形成性、總結性）選擇評量類型，以蒐集學生學習證據（歷程與產品），並提供教學參考	· 評量方式有限，因而難以判斷學生學習的程度，以及概念性理解的進度	· 運用不同的評量方式，以幫助監控學生知識與技能的進展 · 理解的評量與通則標的之間的連結不夠清楚	· 運用不同的評量方式，得以評估學生發展中的知識、技能與理解（通則），促成即時性回饋 · 評量提供許多學生學習歷程以及學業產品的相關資訊 · 重視學生的自我評量
差異化教學 依學生需求規劃教學單元調整，其需求包括期待學生精熟的內容（content）、學生獲得內容的歷程（process）、學生展現學習所產出的產品（product）。但期待所有學生達成的概念性理解（通則），則保持所有人一致的標準	· 在教學單元計畫中提到差異化，但與個別學生的學習需求不相關	· 教學單元計畫中包括在內容、歷程、產品方面差異化以因應需要支持的學生，例如：特殊教育學生、非英文母語學生（English-Language Learner, ELL） · 通常在全班面前處理迷思概念	· 教學單元計畫中包括因應所有學生需求的差異化，並支持所有學生達到共同的概念性理解（通則） · 差異化教學設計奠基於多重資料分析，其中透露了個別學生的學習需求 · 以預期學生會發生的迷思概念與需求為基礎，進行個別性的安排
教學單元設計 在演繹式教學單元設計中，教師在教學開始時就說明學習目標（包括通則）。在歸納式教學單元設計中，學生透過探究歷程建構自己的理解	· 演繹式教學單元設計（例如：從學習目標到案例對比由案例到通則）	· 企圖運用歸納式教學單元設計，但所提供的案例僅模糊的傳達了概念性理解標的 · 可能包含演繹式教學單元設計以支持基本知識與技能的學習	· 教學單元設計以歸納式為主，要求學生投入多面向的探究歷程，並反思案例呈現的共通連結，學生因而能夠建構通則並舉證支持 · 可能包含演繹式教學單元設計以支持基礎知識與技能的學習
結束 規劃整體性核閱學習證據的方法			

來源：Lois A. Lanning (in Erickson & Lanning, 2014).

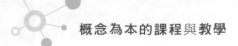

 概念為本的教學

概念為本的教學攸關課程單元的實施，教學單元計畫把書面課程推進到教導的課程。日久，教師逐漸發展出一系列工具與策略以支持學習的遷移，並深化學生的理解，概念為本的教學聚焦於持續推動學生以深入的概念理解為目標。觀課後的回饋與討論、分析學生多

> 概念為本的教學要求老師會思考，有這樣的老師才會培養思考的學生。

元評量資料以及自我反思等，使概念為本的教學精緻化，但發展專才需要時間，概念為本的教學要求老師會思考，有這樣的老師才會培養思考的學生。

概念為本的老師變得善用提問技巧以促進綜效性思考。當老師採用歸納式教學取徑時，學生不用一直被灌輸上完課必須瞭解什麼，他們會分析資訊、從各種資訊來源中找到證據以支持自己的概念性理解，在歸納歷程中學生負起更多的學習責任。

最後的規準「發展中的概念為本教師：概念為本的教學」（表 5.5）刻畫了忠實實踐概念為本教學的重要範圍與基準。

表 5.5 | 發展中的概念為本教師：概念為本的教學

	新手	萌生中	專家
教學單元展開	· 教學單元開始就直接展開活動，沒有提供概述或明確方向 · 教學單元的通則目標貼在黑板或一上課就說明，而不是透過學生想法提取出來 · 教學單元正確展開，但像是老師平淡的獨白，以至於學生失去興趣	· 為歸納式教學布局（例如：張貼案例、引發好奇的問題、分享一個有趣的場景、張貼相關概念），準備從學生經驗提取概念性理解，但這個開場細節太多又太冗長	· 以迷人、引人入勝的教學單元概述開始，清楚溝通，以連結並延續以前的學習 · 教學單元立刻吸引學生的心思與興趣

	新手	萌生中	專家
進行中 教學反映出示範、引導，以及居間促成概念性理解	· 教學依循書面教學單元計畫，但因為計畫中沒有顧及有效概念為本教學單元的所有要素，教學未達預期 · 教學單元中多少出現一些概念，但很少注意如何運用這些概念創造智識投入並深化學生的理解 · 焦點集中於完成任務，學習的遷移太少 · 教學運用不同的問題作為主要工具以鼓勵學習的遷移，但仍然過度依賴事實性問題 · 教學明顯停留在以教師為中心 · 學生的參與主要是回應老師的提問與評價	· 依循預定的概念為本教學單元計畫 · 藉著引起學生的興趣或顧慮等共鳴的事例與資源，維持學生情緒的投入，邀請更深入的智識投入，但指定的學生作業和教學技能無法明確的引導學生產生綜效性思考（從事例推進到相關概念） · 教學中多少回應了學生思考中的吉光片羽，但只用有限的策略鼓勵並引導學生深度概念性思考以及遷移 · 逐漸把學習的責任釋出給學生，但老師仍然承擔大部分的認知性工作 · 大部分的學生投入學習，但有一小部分學生因為不具挑戰性，或欠缺攸關感受而分心或興趣缺缺	· 教學單元計畫的執行配速得當，彈性的回應預期中的學生需求（以及教學單元中發生的學生需求） · 藉教學技巧、激發思考的例子，並透過學習經驗與資源連結深入概念性想法（理解），有意識而持續的啟發學生的綜效性思考 · 運用各種教學技術支持學習的遷移並深化理解（例如：提問、要學生舉出概念或通則的其他例子/錯誤例子、回饋，或要求學生分析自己的論證並舉例支持） · 明顯的把學習的責任和所有權釋放給學生 · 持續監控獨立的協作小組作業，給予及時、相關的回饋，以及引導並調節學習歷程的問題
教學單元結尾	· 老師概要總結教學單元中的學習經驗	· 教學單元結束時針對學生學到的知識與技能進行評量（形成性或總結性），以試圖確定學生達到概念性理解的程度 · 指定超越教學單元的相關練習	· 蒐集了本課知識、技能、理解等教學單元目標的學習證據（形成性或總結性） · 老師跟學生協力反思並分析成功的學習歷程與產品 · 學生學到如何朝向未來的學習目標建構自己的學習

來源：Lois A. Lanning (in Erickson & Lanning, 2014).

概念為本教學單元中的差異化教學

　　卡若‧湯琳森（Carol Tomlinson）深受我們鍾愛因而在本書中喻為「差異化教學博士」，在沒有衷心對她嚴謹而重要的作品致意前，本章不可能就此打住。聽她談到重視每一個學生的學習需求，以及極大化每一個學生的學習潛力，令人深受啟發而躍躍欲試。湯琳森提醒我們「學生的學習準備度（readiness for the learning）、興趣（interests，吸引學生投入學習的動機誘餌），以及學生的學習風格（learning profile，效果最好的學習路徑）是老師教學計畫的重要考量」（Tomlinson & Eidson, 2003, p. 3）。湯琳森（Tomlinson, 2014, p. 82）分享了因應學生不同的需求，可以在教室裡處理的四個差異化元素：

內容（Content）
歷程（Process）
產品（Product）
影響／學習環境（Affect/learning environment）

　　你是否注意到？概念性理解（通則）不做差異化的區分處理。在她的著作與工作坊中，卡若‧湯琳森討論了高品質的差異化課程奠基於 KUDs—**k**now **知道**（事實性知識）、**u**nderstand **理解**（通則）以及 **do 會做**（技能）的關鍵重要性，如果課程單元以及單元中每節課沒有環繞著通則設計，又欠缺支持通則的事實內容與技能時，差異化教學會變成更艱巨的挑戰。但是，當老師瞭解所有學生都可能達致相同的概念性理解時，老師已經具備產出高品質差異化教學的洞察力，他們的問題將是：「我要如何設計教學經驗，才能夠幫助每一個學生理解課程單元中的核心概念和通則？」概念為本的教學不分特教學生、資優

學生、非母語學生，把孩子放在公平競爭的學習場域，並增進每一個孩子成功的機會。

概念為本教學中的探究提供一系列差異化的機會，包括可供學生探索的特定內容、可供運用的資源、如何蒐集相關的資訊（歷程），以及如何和其他人分享自己的學習（產品）。

流言與流言終結者

所有的創新計畫啟動之際總會有流言閒語，參加過創新計畫的導入工作坊後，流言會因為參與者分享自己的記憶或詮釋，隨著時間逐漸發酵。概念為本的課程與教學也不免於這種現象。

1. 流言：「概念就是重要，事實不重要。」
   流言終結者：這種錯誤的觀念必定來自想要減輕教完課本負擔的老師，但是……唉！事實與技能對概念性理解非常重要，少了事實與技能作為基礎，人很難理解概念或概念性想法。三維度的概念為本模式藉著建構腦部基模（brain schemata），將新知識連結到腦中原有的概念架構，因而幫助老師精實化負荷過重的課程。

2. 流言：「宏觀概念最重要，因為它們可以跨越不同學科領域遷移，而且，越能夠遷移或越廣泛的通則越好。」
   流言終結者：處理概念時，「越大越好」的想法已經席捲全球，但這個流言犧牲了學科本身理解的深度。宏觀概念發展「廣度」：一個概念跨越學科領域寬廣的可遷移性；但是，這種跨越學科領域辨認與定義宏觀概念的能力，無法建立學生逐年升級所需要的學科本身概念性理

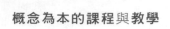

解的「深度」。分布在學科內容與歷程、策略、技能中的微觀概念以及彼此的關係（通則），發展了科學家、藝術家、數學家、語言學家所運用的（專家）理解。我們需要宏觀概念也需要微觀概念以建立概念性理解的廣度與深度。

3. 流言：「一個課程單元只學一個概念性理解也還好。」

   流言終結者：設想，如果一個課程單元只學一個概念性理解，這個想法會相當宏觀而寬廣，意味著這個單元將會犧牲學科的理解深度。如果我們希望兼具學習的廣度與深度，那麼在一個單元中，依據年級程度以及單元時間長度，我們至少需要五到九個通則。此外，我們期望「以想法為核心」的教學，只有一個概念性理解是無法達成這個目標的。

4. 流言：「設計課程時，要從學科的重要宏觀概念列表開始，再塞進主題中。」

   流言終結者：不，不，一千個不！我們不希望把事實內容與技能「硬塞」進寬廣的宏觀概念中。我們依據學業標準的需求來辨認課程內容與技能，透過年級以及學科規劃，從縱向與橫向詳細說明重要的內容與技能，以確保課程的流動清楚、合乎邏輯、完整、沒有過度重複。一旦內容與技能描繪完成，課程單元設計便已完成。課程單元的（一或兩個）概念透鏡已經選定，單元的微觀概念跟著重要內容主題置入每個單元網絡的支線之下，概念必須從內容與技能中提取而出。

5. 流言：「在所有年級都用同樣的概念性理解行得通，因為它們是學生運用複雜度逐漸增加的內容與技能一步步建構的想法。」

   流言終結者：聽起來合理，但概念為本教學的目標是發展概念性腦部基模，以支持學生把新知識加入腦中既存的概念性結構；每種學科在

每個年級都導入新的、越來越專門的概念以建立概念性的理解深度。在所有年級都只有一個「大概念」像是無視世間無數的歌曲,在每場表演重複唱同一首歌!此外,年復一年重新學習同一個通則挺無聊也白費力氣,我們認為年復一年發現新奇而漸趨複雜的概念性理解是刺激學生學習興趣的重要原因。

6. 流言:「課程單元應該要涵蓋概念透鏡的各種不同事例,所有的單元支線都要提供概念透鏡的不同事例。」

   流言終結者:這個流言之所以火上加油,來自如果在單元中體驗越多宏觀概念的事例,學生越容易內化這個概念的想法。問題是在一個單元裡丟進太多根本不同的例子反而導致概念混淆不清——尤其當這些概念的例子選自完全無關的脈絡,在邏輯上又不符合單元的內容重點時。這種不當做法發生於老師被告知單元的每條支線都必須處理概念透鏡時,會導致「蘋果跟橘子比較」的現象,例如當老師在一個人類身體「系統」的單元中,嘗試處理數學的「系統」概念,就是把蘋果跟橘子混為一談……

7. 流言:「我們應該一上課就告訴學生通則。」

   流言終結者:一上課就告訴學生通則,然後要學生研究支持這個通則的實例是「演繹式教學」。雖然偶爾用演繹式教學可被接受,但如果變成教學法的主要選擇時,那就掠奪了學生建構與說明自己理解的機會。在概念為本的教學中,我們屬意於歸納式教學,因為它用了引導式或結構式探究幫助學生建構意義。

8. 流言:「在課程單元中用第一階的通則也行得通。」

   流言終結者:第一階的通則用了「禁忌」的動詞,例如:衝擊

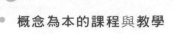

（impact）、影響（affect）、間接影響（influence）、是（is/are）、有（have）等等，因為它們沒有回答「如何」或「為何」的問題。這些動詞弱化了通則，以至於無法提供建構理解所需的概念性清晰度與特異性。透過鷹架支撐達到第二階通則之後，第一階的通則一定要從單元中捨棄。

9. 流言：「第三階通則比第二階通則好。」

流言終結者：這個流言落入了階梯陷阱：如果階梯有三階，那目標必定是第三階。但這想法不適於概念為本的課程與教學！教與學的目標是第二階，這是我們意圖的學習精華所在。第三階在小組討論時可以從多元方向延伸學生的思考，或在需要一個重要的延伸思考時，去釐清與延伸第二階的想法。我們把教與學的目標設定在第二階的原因，乃因為第三階可能再次擴散出新的想法，因而可能偏離原本意圖中標準的目標或單元的期望。

我們要用華盛頓州的國中語言藝術老師蒂芙妮・布朗（Tiffanee Brown）的一則動人軼事為本書畫下句點。她在概念為本課程與教學中的發現為自己的教學帶來新的樂趣，同時為學生增能，她的故事也說明了為什麼我們依然醉心於概念為本的課程與教學。

在我擔任國中英文語言藝術老師（English language arts, ELA）的第七年，我開始有了離開教職的念頭。我挖空心思搜尋合適的文本，設計自認完美的問題，從資料分析表中營求閱讀進步，發展個人化的字彙表，幫助我的學生寫出面面俱到的五段式小論文。作為一個擁有特殊教育碩士學位的全國教學專業標準委員會（National Board，譯註：指 National Board for

Professional Teaching Standards）認證教師，當時我認為我已經做到任何優秀老師該做的，但在我內心深處掩藏著不滿足。真的是這樣嗎？我打從心底開始質疑自己，書面資料看起來一切近乎完美，我的學生在標準化寫作測驗中持續凌駕全州平均，這是我們當時主要的成功指標，那年結束時我感覺灰心，質疑自己是否做了正確的生涯抉擇，那年夏天我開始尋求教職之外的工作。

結果我沒有轉換其他工作，我決定嘗試學區內的改變。我接受了灣景學校（Bay View Elementary）的職缺，灣景正在尋求學生學習經驗的轉型，雖然沒有定義明確的路徑，但教職員知道一定會有更好的方式，我迅速加入行政和教師同儕為學生創造有意義學習經驗的旅程。我獲得許可進行教學實驗，也得到保證走錯一步不會被看成失敗，這個想法使我心慌意亂，但同時也鼓舞了我。我開始研究，實驗不同的課程單元設計，我也積極參與本學區尋求不同教學法的老師所組成的領導團隊。

我的第一個實驗是嘗試密切無間的和社會研究老師透過（現在才知道叫作）宏觀概念，統整我的英文語言藝術課程。不幸的是，越統整我越覺得失去了英文語言藝術的核心，那時我還不知道「歷程性結構」模式以及語言藝術有自己的學科概念。覺得統整好像不是解答，我和同事持續搜尋而發現了琳恩·艾瑞克森與洛薏絲·蘭寧的著作，我感受到和三維度模式有了立即的連結，我知道我一定得試試！依據「學科整全性」的說法以及對歷程性結構的新理解，我覺得重擔解除，我也瞭解了如果只用宏觀概念，我會犧牲理解的深度，儘管學期已經進行一半，我當機立斷設計並實施了我的第一個概念為本的英文語言藝術單元。

沒騙你，從傳統的技能導向轉移到概念為本的歷程並不容易，這需要範式的轉移，我必須轉換一個透鏡審視身為教師的角色，有時我覺得不堪

負荷，有時又覺得充滿了新生的能量。當我開始設計第一個概念為本的單元時，即便我知道我希望學生理解語言具有匯聚人們的力量，但我完全沒有線索如何開始著手，我得停下來思考：強而有力的語言到底是什麼意思？過去我那些技能導向的教學單元非常扎實，但強而有力的語言似乎很抽象。透過悉心琢磨通則以及引導提問，我開始發現如何透過一系列探究導向的個案研究，探究英文語言藝術的抽象概念。學生每天閱讀、討論、書寫不同種類的系列文本，經過每則個案研究，概念性線索引導學生產生比我之前七年教師生涯看到更深的理解。例如，我過去的學生會辨認以及寫出隱喻，但現在的學生更進一步，藉著討論為什麼這個隱喻比另一個更有力等題材，學生對隱喻的瞭解從事實性提升到概念性的理解。每次我退到一旁讓學生擁有更多控制權時，投入的程度瞬間飆升。

我的學生在單元結束的實作評量中，熱切的運用對撰寫概念的新理解，我再一次目睹我的教室轉化，一度我停下腳步而理解到我的學生再也不需要我。雕琢學習任務引導學生深入學習，以及設計實作任務以展現概念性理解之後，我的任務已經結束，現在是學生發光發熱的時刻，他們的確光彩奪目。學生不只寫出我見過八年級學生所創作最動人有力的作品，還能夠把學習遷移到新的情境。在那一刻，我看到教會概念性思考的力量——比我以前技能導向的反覆練習效果強多了。我也瞭解如果我跟社會研究等其他學科協作時，我不需要犧牲英文語言藝術的學科整全性，設計一個環繞著共同主題或單元標題的「平行」單元，讓我可以深入發掘英文語言藝術的微觀概念以及概念性理解。

喜樂，在初嘗學生擁抱學習、協作精神，以及在學習社群中全然願意暴露自己的弱點後，我能想到的就只有這兩個字，我已經找到喜樂——那個我極度渴求的不明元素。我的第一個概念為本單元不夠完美，進行得也

不順遂，有時候我覺得不堪負荷、思緒混亂，以至於不確定這樣急遽的改變教學是否正確，直到我看到單元結束的學生反思時，所有的自我猜疑頓時煙消雲散。一個八年級學生寫道：

> 「我學到的是語言的力量可以改變很多事情，只要說幾個字，你可能改變某人的生命，可能改變世界，可能把一個差勁的地方變成美好的地方，這樣子可以使這個世界大大不同。」

一頁又一頁，學生反思中展現的洞察力、成熟度與複雜度令我驚艷。

我相信所有的學生都值得擁有感受增能的學習方式，進而獲得把學習遷移到學校外生活的深度理解。概念為本的教學為我的教室注入新生命，在我創造的每個單元中，我讓孩子在教室裡提出問題、花時間深入發掘主要概念、與世界連結及採取行動，我覺得自己也為這個世界產生些許不同。成為概念為本教育工作者的旅程才剛開始，但每次看到熱情的笑容或因聚精會神而皺起的眉頭，我默默的感謝鼓勵我在教室實驗的行政同仁，以及自己冒險嘗試新做法的決定。

蒂芙妮‧布朗
七、八年級語言藝術
灣景學校
柏靈頓－愛迪生學區

彙　總

　　本章始於改變歷程的討論，接著考量了發展中的概念為本教師的特徵，再以概念為本教室中老師如何引導學習的一瞥，帶出湯瑪斯‧葛斯基的「教師改變的模式」，以及榮恩‧睿察提出影響老師對學生期望的五個「教師信念組合」。

　　發展中的概念為本教師的規準提供了三維度教學之旅的自我評量工具，關於概念為本教室中老師的角色，以及信念如何形塑教與學的討論引導出以下四個有用規準的介紹：

- ‧ 瞭解概念為本的課程與教學
- ‧ 概念為本的單元規劃
- ‧ 概念為本的教學單元計畫
- ‧ 概念為本的教學

　　高品質的概念為本教學必須包含差異化的策略，以確保所有的學生都發展出以重要事實與技能為基礎的深度概念性理解，我們鼓勵讀者們探索多產而且廣受尊崇的差異化大師卡若‧湯琳森的著作與工作坊。我們也樂於告知讀者以下兩本協助發展中的概念為本教師的新書，都由科文（Corwin）出版社發行。

　　《中學階段教會概念性理解的工具：為深度學習設計的教學單元與評量》（*Tools for Teaching Conceptual Understanding, Secondary: Designing Lessons and Assessments for Deep Learning,* February 2017）

作者：茱莉・史騰，克莉絲塔・費拉若，以及茱麗葉・芒肯（Julie Stern, Krista Ferraro, and Juliet Mohnkern）

這本易讀而有用的書，直白的說明思考的教室中的教與學，書中的示範、舉例、參考教材及教學單元架構等，把學生中心、吸引智識投入、概念為本教學等核心原則整合在一起。

《概念為本的數學：在中學教室教出深度理解》（*Concept-Based Mathematics: Teaching for Deep Understanding in Secondary Classrooms*, February 2016）

作者：珍妮芙・瓦梭（Jennifer T. H. Wathall）

珍妮芙的著作對數學教育深具洞見，有劃時代的貢獻，她提供了豐富、引人入勝而饒富意義的學習經驗，進而吸引學生進入數學概念以及概念之間關係所形成充滿力與美的世界。數學是一種概念性語言，珍妮芙藉著分享豐富的務實想法以及對中學數學老師的闡釋，有效的處理了方程式的理解這一邊。

為了確保你在旅程中不致淪為錯誤資訊的犧牲者，我們也分享了一些關於概念為本課程與教學的常見流言，我們用「流言終結者」以強大火力駁斥了這些流言。

身為作者，我們持續在概念為本教師之旅身體力行，我們衷心期望你可以從我們數十年的足跡中學習，我們的洞察與發現可以提供你通往精熟的快捷路徑。

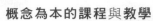

延伸思考

❶ 概念為本的教室具有哪些主要的特徵？你認為其中哪些特徵最具有挑戰性？

❷ 你對教與學抱持的信念有哪些？

❸ 這些信念如何形塑你的教學以及課堂經營？

❹ 當你反思本章的規準時，以一個發展中的概念為本教師而言，你為自己設定哪些短期與長期目標？

❺ 如果你要從二維度轉變成三維度模式，你認為哪一項規準最重要？為什麼？

❻ 差異化教學如何支持概念為本的教學？

資源 **A**

概念為本的課程：術語彙編

概念（Concept）：由一組具有共同屬性的事例構成的心智構念（mental construct）。概念不受時間限制、具有普世性、（不同程度的）抽象，並且有一些具有相同屬性的事例。例如：循環、多樣性、互相依存、不平等、文本證據、意圖、耐力、消失點。

概念透鏡（Conceptual Lens）：一個邀請學習者帶著個人的智識進入學習單元的（通常是）宏觀概念。概念透鏡聚焦學習的方向，並且在腦部較低階與較高階的處理中心之間創造了智識性綜效，藉以引導深度理解與遷移。

演繹式教學法（Deductive Instruction）：在開始上課時就跟學生分享學習目標之通則的教學法，接下來的學習經驗聚焦於透過提問讓學生辨認事實與技能，藉以支持或證明學生的理解。

通則（Generalization）：兩個或更多概念之間關係的陳述，又稱為**核心理解**（essential understandings）、**持久的理解**（enduring understandings）或**大概念**（big ideas）。通則是穿透時間，跨越文化、情境而遷移的概念性理解，它們反映了對特定事實性內容或技能的深刻、可以遷移的理解。

歸納式教學法（Inductive Instruction）：要求學生檢視、分類、組織並提出問題，以尋找事例間與概念間的模式，藉以建構學生自己的通則的教學法。

統整性思考（Integrated Thinking）：亦即事實性資訊的「後設分析」。當思考統整時，學生看得出事實與通則之間的模式與連結，通則能夠穿透時間，跨越文化、情境而遷移。概念透鏡或概念性問題促進了統整性思考。

跨學科統整課程（Interdisciplinary Curriculum）：一個包含不同學科的課程單元，需要各學科貢獻不同面向的知識、技能與理解於研究的問題或議題。概念透鏡確保了思考統整是跨學科連結所產出的結果。

學科內統整課程（Intradisciplinary Curriculum）：一個單一學科的課程單元，藉著概念透鏡提供主題中的焦點，當學習者達成事實或技能支持的概念性理解時，思考得以在概念層次產生統整。

宏觀概念（Macroconcepts）：宏觀概念可以跨越學科領域遷移，或在學科內組織特性更為顯著的微觀概念，是最廣泛、最抽象的概念。宏觀概念常被用來作為跨學科或學科內學習單元的概念透鏡，藉以發展知識的**廣度**，例如：互相依存（interdependence）、改變（change）、系統（systems）、力量／權力（power）、意圖（intent）、運動（movement）等。

微觀概念或次要概念（Microconcepts or Subconcepts）：微觀概念是更專屬於個別學科的概念。學生逐年內化這些概念以及概念間擴充的關係，以發展學科的**深度**。例如：有機體（organism）、比例（proportion）、遷徙（migration）、棲地（habitat）、稀缺（scarcity）、神話（mythology）、聲音（voice）等。

原理（Principles）：被認定為是某學科中基本事實的通則，原理的敘述中不用保留性字眼。例如：科學定律（牛頓第一運動定律）。

知識性結構（Structure of Knowledge）：表達事實到理論之間關係的視覺呈現。一邊是事實與主題，而另一邊則是從事實基礎中提取出來，並得到事實基礎支持的概念、通則或原則，以及理論（詳見第二章）。

歷程性結構（Structure of Process）：表達從歷程（以及歷程的組成成分）到概念、通則或原則，以及理論之間關係的視覺呈現（詳見第二章）。概念提取自課程單元中關鍵的歷程、策略以及技能；也得到歷程、策略以及技能的支持。蘭寧（Lanning, 2013）進一步定義下列歷程性結構的組成元素：

- 歷程是產生結果的行動，歷程循步驟連續進行，而步驟中的投入（材料、資訊、人們的建議、時間等）可能會改變歷程流動的順序或內容。歷程界定了產出是什麼，例如：寫作歷程、理解歷程、研究歷程，以及呼吸歷程等。
- 策略可以被想成學習者神智清明的順應情勢，並監控狀態以改善學習成就的系統性計畫，因為涉及情境中可運用的許多技能，所以策略頗為複雜。
- 技能是鑲嵌在策略中較小的操作或動作，適當運用技能「使」策略得以運作。

綜效性思考（Synergistic Thinking）：綜效性思考是介於事實層次思考與概念層次思考之間認知的交互激盪，綜效性思考導向深度、可遷移的理解，並增進學習的動機。

理論（Theory）：用來解釋現象或實務的假說或一套概念性想法。

概念為本（CBCI）與國際文憑組織（IB）的術語對照

概念為本	國際文憑組織
1. 宏觀概念（Macroconcepts）：廣泛、通常可以跨越學科遷移	**1. 主要概念（Key Concepts）**
2. 微觀概念（Microconcepts）：通常屬於學科特定的概念	**2. 關聯概念（Related Concept）**：應用在特定學科時，有時宏觀概念可被當作關聯概念
3. 概念透鏡（Conceptual Lens）：一、兩個宏觀概念用來幫助學習單元聚焦，強調概念遷移，以及吸引綜效性思考	**3. 主要概念（Key Concepts）**：用於在學習單元中聚焦，並強調跨越情境的概念性遷移
4. 通則或原理（Generalizations or Principles）：呈現重要的概念性關係，可以穿透時間、跨越文化、跨越情境遷移的概念性理解	**4. 核心概念；探究陳述（Central Ideas; Statements of Inquiry）**
5. 引導問題（Guiding Questions）：事實性、概念性、可辯論性	**5. 教師提問（Teacher Questions）**：中學課程計畫（Middle Year Program, MYP）使用事實性、概念性、可辯論問題
6. 綜效性思考（Synergistic Thinking）：在事實或技能與概念性思考層次之間的智識性交互激盪，吸引個人投入智能同時也是智識發展的關鍵	國際文憑組織沒有使用這個詞彙，但其課程設計目的啟動了綜效性思考。
7. 二維度與三維度課程與教學（Two-Dimensional Versus Three-Dimensional Curriculum and Instruction）：二維度是事實與技能全部教完的模式；三維度也教事實與技能，但要求學生瞭解知識、技能與重要概念，以及概念性理解的關係	國際文憑組織沒有用這個詞彙，但從設計判斷，國際文憑組織的課程與教學屬於三維度的模式。

© 2016 H. Lynn Erickson.

資源 B

第二階與第三階通則的動詞樣本

加速（Accelerate）	吸收（Assimilate）	寫作（Compose）
完成（Accomplish）	協助（Assist）	運算（Compute）
達到（Achieve）	確保（Assure）	構思（Conceive）
獲取（Acquire）	達到（Attain）	濃縮（Condense）
啟動（Activate）	出席（Attend）	執行（Conduct）
調適（Adapt）	平衡（Balance）	保存（Conserve）
處理（Address）	帶來（Bring）	合併（Consolidate）
調整（Adjust）	引起（Bring about）	建構（Construct）
管理（Administer）	建立（Build）	貢獻（Contribute）
進步（Advance）	計算（Calculate）	轉換（Convert）
分配（Allocate）	挑戰（Challenge）	傳達（Convey）
分析（Analyze）	製表（Chart）	合作（Cooperate）
期望（Anticipate）	檢查（Check）	協調（Coordinate）
核准（Approve）	釐清（Clarify）	相關（Correlate）
安排（Arrange）	分類（Classify）	符合（Correspond）
查明（Ascertain）	蒐集（Collect）	創造（Create）
組裝（Assemble）	命令（Command）	培養（Cultivate）
評量（Assess）	溝通（Communicate）	交易（Deal）
指任（Assign）	編譯（Compile）	決定（Decide）

界定（Define）	表示同情（Empathize）	修理（Fix）
代表（Delegate）	雇用（Employ）	跟隨（Follow）
交付（Deliver）	制定（Enact）	預報（Forecast）
示範（Demonstrate）	鼓勵（Encourage）	鍛造／編造（Forge）
設計（Design）	執行（Enforce）	形成（Form）
偵測（Detect）	策劃（Engineer）	明確敘述（Formulate）
確定（Determine）	加強（Enhance）	作為（Function as）
發展（Develop）	徵募（Enlist）	贏得（Gain）
想出（Devise）	確保（Ensure）	收集（Gather）
指示（Direct）	裝備（Equip）	產生／生成（Generate）
發現（Discover）	建立（Establish）	給予（Give）
顯現（Display）	估計（Estimate）	治理（Govern）
配送（Distribute）	評估（Evaluate）	引導（Guide）
撰文（Document）	檢驗（Examine）	處理（Handle）
擬稿（Draft）	執行（Execute）	幫助（Help）
戲劇化（Dramatize）	擴大（Expand）	假設（Hypothesize）
汲取（Draw）	加速（Expedite）	辨認（Identify）
制定（Draw up）	實驗（Experiment）	圖解（Illustrate）
驅使（Drive）	解釋（Explain）	想像（Imagine）
掙得（Earn）	表達（Express）	執行（Implement）
編輯（Edit）	引導（Facilitate）	改善（Improve on）
詳實解釋（Elaborate）	調適／製作（Fashion）	即興的做（Improvise）
消除（Eliminate）	資助（Finance）	增加（Increase）

通知（Inform）	聆聽（Listen to）	最佳化（Optimize）
啟動（Initiate）	位於（Locate）	精心安排（Orchestrate）
創新（Innovate）	維持（Maintain）	命令（Order）
檢查（Inspect）	製作／使（Make）	組織（Organize）
啟發（Inspire）	管理（Manage）	源自於（Originate）
安裝（Install）	操弄（Manipulate）	克服（Overcome）
灌輸（Instill）	行銷／上市（Market）	監督（Oversee）
設立（Institute）	主宰／精熟（Master）	畫（Paint）
教導（Instruct）	調解（Mediate）	參與（Participate）
確認（Insure/ensure）	遇到（Meet）	感知（Perceive）
整合（Integrate）	背誦（Memorize）	完美（Perfect）
詮釋（Interpret）	指導（Mentor）	表現（Perform）
介紹（Introduce）	極小化（Minimize）	說服（Persuade）
發明（Invent）	示範（Model）	攝影（Photograph）
調查（Investigate）	監控（Monitor）	領航（Pilot）
裁判（Judge）	激勵（Motivate）	開拓（Pioneer）
辯解（Justify）	搬動（Move）	放置（Place）
保持（Keep）	導航（Navigate）	計畫（Plan）
點燃（Kindle）	協商（Negotiate）	玩／比賽／演出（Play）
推出（Launch）	提名（Nominate）	預測（Predict）
帶領（Lead）	觀察（Observe）	準備（Prepare）
學習（Learn）	獲得（Obtain）	規範／開藥（Prescribe）
舉起（Lift）	提供（Offer）	出現／呈現（Present）

預防（Prevent）	徵募（Recruit）	恢復元氣（Revitalize）
解決問題（Problem solve）	改正（Rectify）	甦醒（Revive）
處理（Process）	重新設計（Redesign）	打垮（Rout）
採購（Procure）	減少（Reduce）	保全／節省（Save）
產生（Produce）	重估（Reevaluate）	安排（Schedule）
投射／推算（Project）	參考（Refer）	篩選（Screen）
推銷（Promote）	精煉（Refine）	保全（Secure）
建議／打算（Propose）	規範（Regulate）	選擇（Select）
保護（Protect）	相關（Relate）	出售／說服（Sell）
證明（Prove）	記得（Remember）	感受（Sense）
提供（Provide）	給予（Render）	分開（Separate）
宣傳（Publicize）	重組（Reorganize）	服務（Serve）
購買（Purchase）	修理（Repair）	服務（Service）
質疑（Question）	報告（Report）	設立（Set up）
舉起（Raise）	代表（Represent）	形塑（Shape）
閱讀（Read）	研究（Research）	分享（Share）
實現／瞭解（Realize）	解決（Resolve）	轉移（Shift）
論證（Reason）	回應（Respond）	展現（Show）
收到（Receive）	修復（Restore）	簡化（Simplify）
識別（Recognize）	取回（Retrieve）	畫草圖（Sketch）
推薦（Recommend）	修改（Revamp）	鞏固（Solidify）
和解（Reconcile）	覆閱（Review）	解答（Solve）
記錄（Record）	修改（Revise）	整理（Sort）

激發（Spark）	傾向（Tend）	贏得（Win）
說話（Speak）	測驗（Test）	退出（Withdraw）
做先鋒（Spearhead）	追蹤（Trace）	工作（Work）
提供人員（Staff）	跟蹤（Track）	寫作（Write）
刺激（Stimulate）	訓練（Train）	
精簡（Streamline）	轉錄（Transcribe）	
強化（Strengthen）	遷移（Transfer）	
強調（Stress）	轉化（Transform）	
伸展（Stretch）	翻譯（Translate）	
結構（Structure）	旅行（Travel）	
研讀（Study）	對待（Treat）	
替換（Substitute）	修剪（Trim）	
成功（Succeed）	揭露（Uncover）	
彙總（Summarize）	承擔（Undertake）	
取代（Supersede）	統一（Unify）	
督導（Supervise）	聯合（Unite）	
供給（Supply）	更新（Update）	
調查（Survey）	升級（Upgrade）	
象徵（Symbolize）	使用（Use）	
協同作用（Synergize）	利用（Utilize）	
談論（Talk）	驗證（Validate）	
教導（Teach）	檢驗（Verify）	
告訴／區別（Tell）	擴大（Widen）	

資源 **C**

概念為本的圖形組織工具

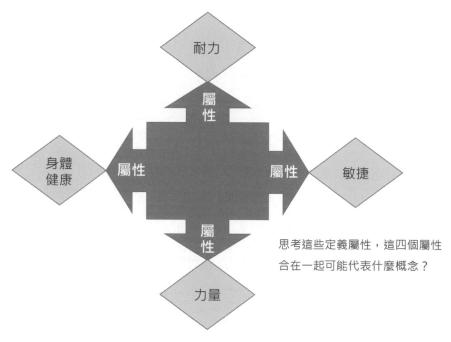

思考這些定義屬性,這四個屬性
合在一起可能代表什麼概念?

▶ 圖 C.1・概念的圖形組織工具

表 C.1 | 視覺藝術中繪畫的圖形組織工具

繪畫	透視 在每幅畫作中，觀眾的透視感是什麼？	線條 繪製這些畫作的藝術家如何運用線條創造透視？	形狀 繪製這些畫作的藝術家如何運用形狀創造透視？	通則 根據你的觀察，推論一個運用線條和形狀，在風景繪圖中表達透視的理解。 我們瞭解……
第一張風景繪圖（遠觀）	觀眾仔細觀察距離。	藝術家運用匯聚的線條創造一個消失點，意味著一個距離的透視。	前景的形狀較大，背景的形狀較小以創造距離的透視。	藝術家運用匯聚的線條、較大的前景以及較小的背景，創造距離的透視感。
第二張風景繪圖（近觀）				
第三張風景繪圖（俯視）				

註：這個例子運用三幅風景繪圖，要求學生考慮觀眾的觀點，學生觀察並記錄藝術家如何運用線條與形狀等元素創造透視。觀察的終點是學生創造一個結合線條、形狀與透視之間關係的通則。

・書談（Book Talk）

在使用這個圖形組織工具時，概念可能從內容或從作者與讀者的技巧中提取出來，通則可能取自知識性結構或歷程性結構，但不可以將兩者混合處理。

・概念的焦點：人物角色發展

文本1：《鴯鶓愛德華》（*Edward The Emu*），作者：席娜・諾爾斯（Sheena Knowles），1988，Harper Collins 出版

文本2：《威而福・戈登・麥當勞・帕翠吉》（*Wilfrid Gordon McDonald Partridge*），作者：孟畝・福克斯（Mem Fox），1984，Puffin Books 出版

文本3：《燉袋熊》（*Wombat Stew*），作者：潘蜜拉・勞芙茲（Pamela Lofts），1984，Ashton Scholastic 出版

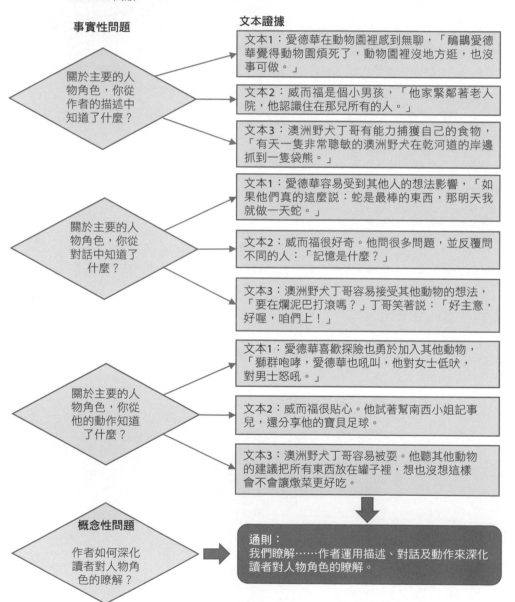

事實性問題

文本證據

關於主要的人物角色，你從作者的描述中知道了什麼？

> 文本1：愛德華在動物園裡感到無聊，「鴯鶓愛德華覺得動物園煩死了，動物園裡沒地方逛，也沒事可做。」

> 文本2：威而福是個小男孩，「他家緊鄰著老人院，他認識住在那兒所有的人。」

> 文本3：澳洲野犬丁哥有能力捕獲自己的食物，「有天一隻非常聰敏的澳洲野犬在乾河道的岸邊抓到一隻袋熊。」

關於主要的人物角色，你從對話中知道了什麼？

> 文本1：愛德華容易受到其他人的想法影響，「如果他們真的這麼說：蛇是最棒的東西，那明天我就做一天蛇。」

> 文本2：威而福很好奇。他問很多問題，並反覆問不同的人：「記憶是什麼？」

> 文本3：澳洲野犬丁哥容易接受其他動物的想法，「要在爛泥巴打滾嗎？」丁哥笑著說：「好主意，好喔，咱們上！」

關於主要的人物角色，你從他的動作知道了什麼？

> 文本1：愛德華喜歡探險也勇於加入其他動物，「獅群咆哮，愛德華也吼叫，他對女士低吠，對男士怒吼。」

> 文本2：威而福很貼心。他試著幫南西小姐記事兒，還分享他的寶貝足球。

> 文本3：澳洲野犬丁哥容易被耍。他聽其他動物的建議把所有東西放在罐子裡，想也沒想這樣會不會讓燉菜更好吃。

概念性問題

作者如何深化讀者對人物角色的瞭解？

> 通則：
> 我們瞭解……作者運用描述、對話及動作來深化讀者對人物角色的瞭解。

204

▶ 圖 C.2

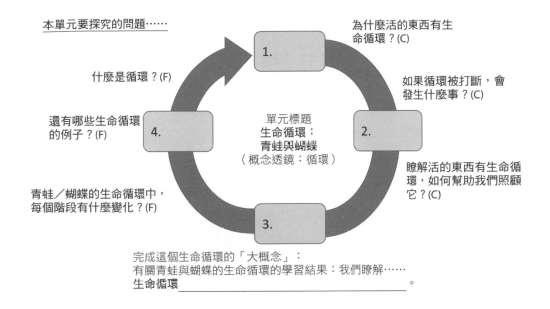

本單元要探究的問題……

什麼是循環？(F)

還有哪些生命循環
的例子？(F)

青蛙／蝴蝶的生命循環中，
每個階段有什麼變化？(F)

1.

2.

3.

4.

單元標題
生命循環：
青蛙與蝴蝶
（概念透鏡：循環）

為什麼活的東西有生
命循環？(C)

如果循環被打斷，會
發生什麼事？(C)

瞭解活的東西有生命循
環，如何幫助我們照顧
它？(C)

完成這個生命循環的「大概念」：
有關青蛙與蝴蝶的生命循環的學習結果：我們瞭解……
生命循環_____。

▶ 圖 C.3．班級的單元組織工具

資源 **D-1** ————————————————————————

概念為本的課程：單元設計步驟

<hr/>

琳恩‧艾瑞克森與洛薏絲‧蘭寧

步驟一：創造單元標題（unit title）

（單元標題可以吸引學生投入，但也要明確的顯示學習內容的焦點。）

步驟二：找出概念透鏡（conceptual lens）

概念透鏡是提供學習焦點與深度的概念，藉著連結事實性思考與概念性思考以確保綜效性思考發生。

步驟三：辨認單元支線（unit strands）

就**跨**學科單元而言，支線是單元所涵蓋的學科領域；就學科**內**單元而言，支線就是主要的標題，它把學習單元拆解成為容易掌握、適於教學的部分。在學科**內**的歷程性學科領域單元中，支線已經預先界定為：**理解**（understanding）、**反應**（responding）、**評析**（critiquing）以及**生成**（producing）。支線放置在環繞著單元標題的網絡中。

步驟四：各支線以網狀向外延伸單元的主題與概念

在腦力激盪之後，在每一條單元支線的概念下面畫線，以利下一步驟搜尋對照。

步驟五：寫出你希望學生從單元學習中推導出的通則（generalizations）

你要運用概念透鏡精心設計一個或兩個通則，並且為**每條**單元支線想出一個或兩個通則。有時候一個通則就涵蓋了一條或多條支線，歷程性學科尤然。依據年級以及分配的單元授課時間，一個單元可以包括五個到九個通則。

步驟六：腦力激盪出引導問題（guiding questions）

引導問題促使學生朝向通則思考，引導問題應該分類設計（事實性、概念性或可辯論三類）。在規劃階段，每一個通則需要發展出三個到五個事實性和概念性問題組成的混合題組，而每個單元也需要發展出兩、三個整體單元性的可辯論問題。

步驟七：辨認關鍵內容（critical content）

關鍵內容是通則得以成立所需要的基礎性事實知識，是深化單元主題的知識，同時界定了學生可能需要知道的歷程或技能。

步驟八：辨認主要技能（key skills）

主要技能可以從學業標準或國家課綱中逐字析取而得，主要技能跨越不同的應用情境遷移，而且直到出現在課堂的學習經驗之前不會受限於特定主題。

步驟九：撰寫共通的評量以及計分手冊或規準

單元的終點評量揭示了學生對一個或兩個重要通則的理解程度、在關鍵內容中所獲得的知識，以及運用主要技能的能力。設計具有明確基準的計分手冊或規準，以評估終點任務中學生的作品。

步驟十：設計建議的學習經驗

學習經驗確保學生為終點評量的期望做好準備，並且反映出學生在單元結束時必須理解、知道、會做什麼。學習經驗應該真實而有意義。在課程單元規劃中，本步驟的建議包括調整上課速度、其他評量、差異化策略，以及單元資源。

步驟十一：撰寫單元概述（unit overview）

老師撰寫單元概述用來宣讀給學生聽，作為抓住學生的興趣與注意力的誘餌，同時簡介學習的內容。

資源 **D-2**

概念為本的課程：單元規劃範本

年　　級　_____

單元編號　_____

單元標題與概念透鏡　_____

單元時數　_____

作者（群）　_____

單元概述：

科技融入：

本單元涵蓋的學業標準或國家頒定課綱：

單元標題 ＿＿＿＿＿＿＿＿

概念透鏡 ＿＿＿＿＿＿＿＿ 年　級 ＿＿＿＿

支線 1

支線 2

單元標題

支線 3

支線 4

★ 視需要可添加支線

概念為本的課程與教學

年　　級 ＿＿＿＿＿＿＿　　單元標題 ＿＿＿＿＿＿

概念透鏡 ＿＿＿＿＿＿

通則	引導問題： F＝事實性；C＝概念性；D＝可辯論性

★ 視需要可添加欄位

© 2013 Erickson, H. L. and Lanning, L.

關鍵內容與主要技能

支線別 關鍵內容	主要技能
學生會知道……	學生將能夠……
支線 1	
支線 2	
支線 3	
支線 4	

★ 在歷程導向的學科中，某些主要技能可能與 1-1「知道」相關；但在歷史與科學等內容知識學科中，它們比較不可能與 1-1 相關。

（譯註：經與琳恩·艾瑞克森博士電郵討論，她以資源 D-3.3「在遊戲中發展語言」為例說明：這是一個歷程導向的單元規劃，在關鍵內容與主要技能表中，234 頁支線別關鍵內容的第一項〔1-1〕與主要技能的第一項相同，都是**瞭解語言**。但是，就 D-3.2〔**自然科學**〕這個內容知識導向的單元而言，226 頁的關鍵內容與主要技能表中，支線別關鍵內容的第一項〔1-1〕與主要技能的第一項則不會相同。）

© 2013 Erickson, H. L. and Lanning, L.

概念為本的課程與教學

單元標題 _____

年　　級 _____

建議的 時間表	建議的 學習經驗	評量	差異化	資源

單元終點評量

單元標題 _____

年　　級 _____

什麼（單元焦點）：

為什麼（通則）：

如何（吸引學生投入學習的情節）：

評分說明
字母等第制

任　　務：

評分基準

		可能的 分數或%	學生自評	教師評量
標準	理解：	☐	☐	☐
	內容知識：	☐	☐	☐
		☐	☐	☐
	歷程：	☐	☐	☐
		100	———	———

評分代號

A＝

B＝

C＝

I＝

評分說明
小學低年級

4：符合所有標準（standard）的基準（criteria）加上……

例證：

（譯註：若學生表現已達下表 3 級分的所有基準，又有格外優異的表現則可以得到 4 級分，並將其具體表現敘明於例證中。）

3：

✓ 代表符合

理解

内容知識

標

準

歷程

2：符合標準中 3/5 的基準

（譯註：意思是老師在理解、内容知識與歷程中共列出 5 項基準，學生在終點評量中已經達到 3 項，換言之，學生達到基準項目之 60%以上即可得到 2 級分。請參閱資源 D-3.2 與 D-3.3 兩個小學低年級的評分說明）

1：無法評分；還沒有達到評分標準

註：調整標準 2 的比例，以符合右側分數框的數字。

資源 **D-3**

概念為本的課程：單元範例與單元終點評量

資源 **D-3.1** -

單元範例：圓幾何學

圓幾何學單元網絡

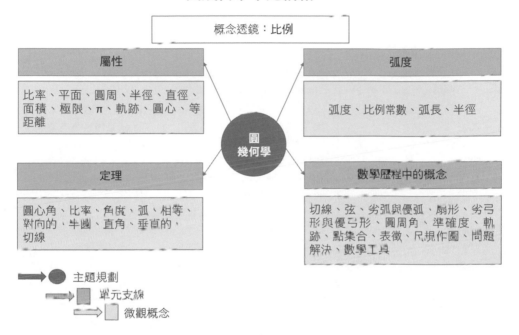

來源：Jennifer Chang Wathall © 2015 *Concept-Based Curriculum and Instruction for Secondary Mathematics*, Thousand Oaks, CA: Corwin.

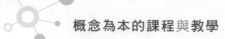

單元標題： 圓幾何學	概念透鏡： 比例	時間分配： 四至六週	年級／學年： 八年級[1]或第九學年[2]
單元概述：長久以來，圓令人心醉神迷。在日常生活中你多常看到圓？圓通常用來代表團結與和諧。你如何能夠運用直尺和圓規畫出古代人造物品中的一些圓形設計呢？ http://nrich.maths.org/2561	單元概念：平面、圓周、半徑、直徑、面積、極限、π、圓心、等距離、圓心角、比率、角度、弧、相等、對向角、半圓、直角、垂直的、弧度、比例常數、弧長、弦、劣弧與優弧、扇形、劣弓形與優弓形、圓周角、準確度、軌跡、點集合 歷程概念：表徵、尺規作圖、問題解決、數學工具		

我們希望學生知道什麼	我們希望學生理解什麼	我們希望學生會做什麼
1. 圓周和圓面積的計算公式。 2. 角度的弧度量是比例常數。 3. 圓的字彙：圓周、弧度、直徑、弦、劣弓形與優弓形、切線、劣弧與優弧、軌跡、直角、弧長。	1. 所有的圓中，圓周與直徑的比率代表一個固定常數：π。 2. 在平面上，與圓心等距離所有點的軌跡對應到圓周。 3. 把圓分成無限多個扇形之後，合起來形成近似矩形，可以得到圓的面積公式。 4. 半圓的圓周角等於直角。 5. 半徑和切線形成直角（垂直的角度）。 6. 圓心角等於圓周角的兩倍。 7. 對應同一弧的對向角（即圓周角）角度相等。 8. 角度的弧度測量代表半徑跟弧長之間的比例常數。 9. 弧度測量簡化了弧長和扇形面積的公式。 10. 知道如何精確繪製圓的組成部件（例如：切線、弦、弓形、扇形、弧以及角度）有助於解決幾何問題。 11. 正確使用數學工具來製作不同的軌跡的圖形，可以顯示決定一個點集合的共同屬性。	*歷程：產生連結* 1. 將弧度轉換為度數，並反向轉換。 *歷程：論證與證明* 2. 證明所有圓均相似。 3. 運用相似性，推導出角度截取的弧長與半徑成比例的事實。 4. 推導出扇形面積的公式。 *歷程：建立表徵及論證與證明* 5. 製作一個三角形的內接圓和外接圓圖形，並證明圓中內接的四邊形四個角的屬性。 6. 製作從給定圓外部的一點到圓的切線圖形。

[1] 指美系學校　　[2] 指英系學校

通則（學生理解……）	引導問題
1. 所有的圓中，圓周與直徑的比率代表一個固定常數（π）。	事實性問題： 找出圓周與圓面積的公式是什麼？ 下列詞語的意義是什麼？ 圓周、半徑、直徑、弦、劣弓形與優弓形、切線、劣弧與優弧、軌跡、直角、弧長 概念性問題： 所有的圓如何會相似？ 為什麼所有圓的圓周與直徑的比率代表一個固定常數？ 所有圓中，圓周如何與直徑相關？
2. 在平面上，與圓心等距離所有點的軌跡對應到圓周。	事實性問題： 圓周的定義是什麼？ **點的軌跡**是什麼意思？ 概念性問題： 點集合的軌跡如何解釋周長？
3. 把圓分成無限多個扇形之後，合起來形成近似矩形，可以得到圓的面積公式。	事實性問題： 圓面積的公式是什麼？ 概念性問題： 你如何運用極限和來找到圓的面積？ 圓形如何與矩形相似？
4. 半圓的圓周角等於直角。 5. 半徑和切線形成直角（垂直的角度）。 6. 圓心角等於圓周角的兩倍。 7. 對應同一弧的圓周角角度相等。	事實性問題： 圓的定理有哪些？ 概念性問題： 你如何辨識並描述圓周角、半徑與弦之間的關係？
8. 角度的弧度測量代表半徑跟弧長之間的比例常數。 9. 弧度測量簡化了弧長與扇形面積的公式，由該角度截取的弧長和扇形面積與半徑有關。	事實性問題： 弧度的定義是什麼？ 概念性問題： 為什麼弧度沒有維度？ 弧度的度量如何表示？ 「比例常數」的概念如何與角度的弧度測量相關？

通則（學生理解……）	引導問題
10. 運用繪圖解題時，準確的幾何解答有賴於精確繪製圓的組成部件，例如：切線、弦、弓形、扇形、弧以及角度等。	事實性問題： 什麼是比例圖？ 概念性問題： 你如何使用尺規作圖來解決問題？ 為什麼尺規作圖在解決問題的過程中有用？ 準確畫出圓的組成部件在什麼時候是解決問題的關鍵？
11. 正確使用數學工具來製作不同的軌跡的圖形，可以顯示決定一個點集合的共同屬性。	事實性問題： 什麼是數學工具／小程序（applets）？ 概念性問題： 你如何運用尺規作圖與小程序來顯示決定一個點集合的共同屬性？ 為什麼小程序在圓幾何中有用？

可辯論的單元問題
哪一個比較適合用來度量角度：弧度還是度數？

單元終點評量
圓幾何學

單元標題 <u>圓幾何學</u>

年　　級 <u>八</u>

什麼（單元焦點）：

調查與圓相關的定理。

為什麼　為了要瞭解……

➢ 半圓的圓周角等於直角。

➢ 半徑和切線形成直角（垂直的角度）。

➢ 圓心角等於圓周角的兩倍。

➢ 對應同一弧的對向角（即圓周角）的角度相等。

如何（吸引學生投入學習的情節）：

四個學生形成一個小組，擔任紀錄片製作人，任務是創造圓的四個定理的一部紀錄片。這四個定理包括：半圓中的角、切線與半徑的關係、圓心角與圓周角，以及對應同一弧的圓周角等等。用 GeoGebra 立體繪圖軟體為每一個圓的定理製作影片，並且用三個數值為每一個圓的定理產生通則，用圖形、解釋、舉例來說明每個定理，以及如何應用每個定理。

註：通常一個單元終點評量的任務不會超過兩個通則，本個案中通則的性質高度獨立，因而不受此規則限制。

評分說明
字母等第制

任　務：紀錄片

評分基準

	可能的分數或%	學生自評	教師評量
理解：			
為每個定理產出正確的通則，並展現理解。	20%		
應用定理的例子顯示出遷移理解的能力。	20%		
內容知識：			
就事實知識而言，你的影片提供了每個圓定理清楚的解釋。	20%		
你提供了三個數值的例子。	10%		
歷程：			
你跟組員在和諧的氛圍中協作。	10%		
你成功的製作了每個定理的 GeoGebra 立體繪圖。	10%		
你運用技巧呈現影片：圖形、解釋及例證呈現清楚、合乎邏輯，並保持了觀賞者的興趣。	10%		
	100%	_____	_____

標準

評分代號　A=　　　　B=　　　　C=　　　　I=

資源 D-3.2

單元範例：我們真的被波浪包圍嗎？

年級：一

單元標題　我們真的被波浪包圍嗎？瞭解聲音與光線

概念透鏡　原因與結果

單元時數　六至八週

作者（群）　艾瑞卡・托爾芙（Erica Tolf）、凱莉・潘內克（Kaylee Panek）、柏靈頓—愛迪生學區一年級團隊，以及柏靈頓—愛迪生學區灣景學校副校長愛美・瑞斯納（Amy Reisner）

單元概述：

你知道我們被波浪包圍嗎？不是海浪，不是再見時大家揮手搖擺的波浪……包圍我們的是看不見的波浪！因為它們創造了光線、產生了聲音，所以我們知道它們存在。

在這個單元，我們會學到這些神奇而看不見的波浪，還有我們怎樣利用它們彼此溝通。

這個單元結束時，你將能夠設計一輛可以跟需要幫助的人溝通緊急訊息的救護車。

科技融入：

蘋果平板應用程式（iPad apps）：Mooncast（月亮盈缺顯示軟體）、sunrise and fall（日出日落軟體）、pic collage（拼貼趣）

本單元涵蓋的學業標準或國家頒定課綱：

規劃並進行以下調查並提供證據：振動的物質會發出聲音，而聲音也會使物質振動（1-PS4-1）。

觀察光線照到時才看得見物體，建構以證據為基礎的報告（1-PS4-2）。

計畫並執行調查，把不同材質的物體放在光束照射路徑中，以測定不同的影響（1-PS4-3）。
使用工具與材料設計並製造一個裝置，運用光線或聲音來解決遠距離的溝通問題（1-PS4-4）。

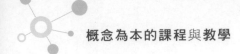

單元標題　　我們真的被波浪包圍嗎？

概念透鏡　　原因／結果　　**年　　級**　　一

支線 1

> 波的屬性
> ・聲音
> ・振動
> ・屬性
> ・長度
> ・持續時間

支線 2

> 波與光線
> ・光線
> ・照明
> ・物體
> ・距離

單元名稱

我們真的被波浪包圍嗎？
瞭解聲音與光線

支線 3

> 波與物質
> ・半透明的
> ・不透明的
> ・透明的
> ・反射的
> ・能量
> ・屬性
> ・物體
> ・光線

支線 4

> 波與溝通
> ・距離
> ・溝通
> ・聲音
> ・光線
> ・接收器
> ・發射器
> ・材料

★ 視需要可添加支線

年　　級 ＿一＿＿＿

單元標題 我們真的被波浪包圍嗎？瞭解聲音與光線

概念透鏡 原因／結果＿＿＿＿＿＿＿＿＿

通則	引導問題： **F** ＝事實性；**C** ＝概念性；**D** － 可辯論性
聲波引起振動。	聲音有哪些不同來源？（F） 不同事物發出哪些聲音？（F） 聲音是怎麼發生的？（C） 不同材質的振動如何導致聲音改變？（C） 聲音如何導致事物振動（移動）？（C） 你寧可整天生活在無聲或沒有巨大聲音的世界嗎？解釋想法。（D）
光線來自不同的光源。	光線有哪些不同來源？（F；自然光線與人造光線對比） 為什麼光源重要或有用？（C） 什麼是照明？（F） 如果失去一種光源會發生什麼？（C） 光線來自不同的來源有哪些好處？（C） 如果我們永遠關不掉電燈，會如何？（D） 我們如何能保存光源？（D）
不同材料主導了光的運動方向。	光如何運動？（C） 影子是什麼產生的？（F） 為什麼有些物體投射出影子，有些不會？（C） 不同物質的屬性（透明、半透明、不透明、反射）影響光的運動（C；延伸思考：聲納、衛星、回音定位、微波、無線電波） 光線如何可以被重新導向？（F）
聲波跟光波跨越距離幫助溝通。	人類有哪些不同的溝通方式？（F） 動物有哪些不同的溝通方式？（F） 聲音與光線可以怎樣用在遠距離的溝通？（C） 你認為每個人都應該可以用同樣的光線和聲音溝通嗎？（D）

關鍵內容與主要技能

支線別 關鍵內容	主要技能
學生會知道……	學生將能夠……
支線1 聲音如何發生 波如何引起振動 聲音的來源（樂器、動物、門、汽車、風、嘴巴……） 聲音因為音高（pitch）與聲量（volume）產生差異 字彙：振動、波	**1-PS4-1**：規劃並進行以下調查並提供證據：振動的物質會發出聲音，而聲音也會使物質振動。
	1-PS4-2：觀察光線照到時才看得見物體，建構以證據為基礎的報告。
	1-PS4-3：計畫並執行調查，以測定不同材質的物體放在光束照射路徑中間的影響。
支線2 照明如何運作 人造光線與自然光線的對比 字彙：照亮、人造光源、自然光源	**1-PS4-4**：用工具與材料設計並製造一個裝置，運用光線或聲音以解決遠距離的溝通問題。
	透過聆聽、閱讀與觀看適合年級程度的口頭發表、文學類與訊息類文本以建構意義。
支線3 光束（light beams）的屬性 光線運動的屬性 鏡映（mirroring） 字彙：透明的、半透明的、不透明的、反射的	參與適合年級程度的口頭與書面交換資訊、想法、分析，回饋同儕、觀眾或讀者的評論與問題。
	演說並書寫適合年級複雜程度的文學類與訊息類文章與主題。
支線4 運用聲音和光線的溝通 運用光線的科技 運用光線的工程 緊急情況的聲音與溝通 字彙：溝通、工程師、設計	建構適合年級程度的主張，以論證與證據支持這些主張。
	進行研究，評估與溝通研究發現，以回答問題或解決問題。
	在口頭發表、文學類與訊息類文本中判定字詞與成語的意義。

註：PS4 技能編號依據下一世代科學標準（Next Generation Science Standards）。

★在歷程導向的學科中，某些主要技能可能與 1-1「知道」相關；但在歷史與科學等內容知識學科中，它們比較不可能與 1-1 相關。

（譯註：經與琳恩‧艾瑞克森博士電郵討論，她以資源 D-3.3「在遊戲中發展語言」為例說明：這是一個歷程導向的單元規劃，在關鍵內容與主要技能表中，234 頁支線別關鍵內容的第一項〔1-1〕與主要技能的第一項相同，都是**瞭解語言**。但是，就 D-3.2〔**自然科學**〕這個內容知識導向的單元而言，226 頁的關鍵內容與主要技能表中，支線別關鍵內容的第一項〔1-1〕與主要技能的第一項則不會相同。）

單元標題 ＿＿＿＿波＿＿＿＿

年　　級 ＿＿＿＿一＿＿＿＿

建議的時間表	建議的學習經驗	評量	差異化	資源
1. 聲音來源與振動 - 聆聽腳步聲 - 聲紋圖觀察表（observation chart） - 分類並比較不同樂器的圖檔卡（picture file cards） - 創造樂器 - 聲音振動站	- 探究表：你知道什麼？你聽到了什麼？ - 展示圖檔卡，學生寫出所發出的聲音，並指出振動的部位。	- 學習夥伴，成人支持 - 用文字或繪畫在聲音日誌記錄不同的聲音	Paul Showers 的《聆聽腳步聲》（*Listening Walk*） Charlotte Guillain 的《什麼是聲音》（*What is Sound?*） Geoff Waring 的《奧斯卡與蝙蝠：聲音的書》（*Oscar and the Bat: A Book about Sound*）
2. 探索光源與照明 - 用 iPad 創造光源的拼貼趣 - 分類並比較光源的圖檔卡 - 小組製作光源的海報，說明光源為什麼重要 - 探究針孔盒與照明	- 給學生圖檔卡以分類，並以標籤顯示是人造或者自然光源。	- 學生會用圖片與／或文字展現理解	聲音與光線的護貝圖檔卡 - 為創造聲音裝置，要求家長捐贈以下物件：管子、盒子、橡皮筋、搖搖杯、薄木棒、鐵／瓦罐
3. 探索光與不同物質 - 用手電筒探索不同物質 - 依據屬性分類不同物質 - 探索並比較影子	- 用圖檔卡與正確字彙配對。		- 製作針孔盒 - 用手電筒和各種物質在房間探索
4. 用光線和聲音溝通 - 紙杯／棉線電話 - 救護車輛	- 設計並創造一個裝置，能夠跨越距離溝通。	- 在班級表上，把圖片貼在字彙旁邊	線和杯子 Wendy Pfeffer 的《不絕於耳》（*Sound All Around*） Natalie Rosinsky 的《聲音：大、柔、高與低》（*Sound: Loud, Soft, High and Low*）

© 2013 Erickson, H. L. and Lanning, L.

單元終點評量

單元標題　我們真的被波浪包圍嗎？瞭解聲音與光線

年　　級　一

什麼（單元焦點）：

學生將創造一輛能夠運用光線與聲音溝通的救護車。

為什麼（通則）：

為了瞭解聲波與光波跨越距離幫助我們溝通。

如何（吸引學生投入學習的情節）：

你是救護車司機。

你將要設計一輛會用光線和聲音跟其他駕駛人溝通的救護車。

你需要設計光線跟聲音來溝通你想傳遞給其他駕駛人的訊息。

你必須運用不同的聲量、音高與光線。

請在一張白紙上畫這輛救護車，運用顏色與細節解釋你的想法。

你將需要準備好解釋你的救護車的零件、你想跟其他駕駛人溝通什麼，以及你的聲音與光線如何運用波來溝通你的訊息。

評分說明
小學低年級

4：符合以及超越標準的基準：

符合所有標準的基準加上 ……

例證：學生的設計有創意而且創新，漸增清晰的溝通；學生在溝通中結合了光線與聲音。

3：

✓ 如果符合

理解

設計顯示可以遠距離溝通。

學生會解釋光波和聲波如何溝通以及如何運作。

內容知識

運用光線溝通的設計。

運用聲音溝通的設計。

引述音高。

引述聲量。

歷程

呈現了設計過程中的論證。

關於設計的溝通清楚呈現。

救護車的繪圖展現工藝精神與努力。

標

準

2：符合標準中 **2/3** 的基準（譯註：意指符合 9 項基準中的 6 項，$\frac{6}{9} = \frac{2}{3}$）

1：無法評分；還沒有達到評分標準

資源 **D-3.3**

單元範例：在遊戲中發展語言

表達（低年級）

年級	低年級
單元編號	
標題與概念透鏡	在遊戲中發展語言：表達
單元時數	
作者	凱西・梅爾（Kaccey Mayer），來自瑞士卡畝（Cham）；潘蜜拉・歐斯勒（Pamela Ostler）來自瑞士蘇黎世

單元概述：

小孩是一百做成的。

小孩有一百種語言

有一百隻手

有一百種想法

有一百種做法

去想、去玩、去說……

——羅瑞斯・馬拉辜奇（Loris Malaguzzi）

我們都在遊戲中學習，在這個單元，我們要探索我們可以怎樣表達自己，我們如何瞭解並回應身邊的其他人。你能夠看到某人就知道他或她的感受嗎？你知道如何表達感受嗎？你會解決衝突並且跟其他人合作嗎？我們很快就會得到這些問題的答案！

本單元涵蓋的學業標準或國家頒定課綱：

國際文憑組織（IB）的小學課程範圍與排序（Primary Years Programme Scope and Sequences）

PSPE－互動－第一階段

- 會辨別自己的動作已經影響到其他人
- 當自己或其他人有需要時會要求協助
- 以適合的態度分享自己相關的想法與感受
- 樂於與其他人互動、遊戲並互相關注

PSPE－互動－第二階段

- 瞭解自己的動作對其他人和環境的影響
- 在衝突情境中會尋求大人支持
- 在團體中承擔一個角色的責任
- 提出問題並表達疑問
- 討論並為團體性互動設定目標

視覺語言－觀看與呈現－第一階段

- 運用肢體語言溝通並傳達理解，例如：指點、姿勢、臉部表情
- 在熟悉的社交情境和同儕與成人有效互動
- 瞭解簡單問題並以動作或話語回應
- 瞭解在不同語言中，字的順序會改變
- 瞭解自己運用語言的風格，作為發展文法意識的部分歷程

視覺語言－觀看與呈現－第二階段

- 在默劇與角色扮演中，運用肢體語言視覺化溝通想法與感受
- 運用語言處理自己的需要，並表達感受與意見
- 提出問題以獲得資訊，並回應針對自己或班級的探詢
- 在課堂活動、對話與想像的遊戲中運用口語溝通

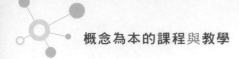

瞭解語言

字彙／生字
主動聆聽
視覺提示
輪流
團體中的角色
衝突解決技術
提問與回答技術

反應語言

主動聆聽
肢體語言
姿勢
眼神接觸
合作
口語與非口語
溝通
輪流

單元標題

在遊戲中發展語言

生成語言

語調（intonation）
明晰
字彙／生字
句型結構
對話策略——中斷

評析語言

聲音（voice）——語氣
（mood）與聲調（tone）
語調
肢體語言
視覺提示

單元標題　在遊戲中發展語言

概念透鏡　　表達　　　　　　　　**年　　級**　低年級

通則	引導問題： F＝事實性；C＝概念性；D＝可辯論性
1 - 我們的動作、語氣（tone of voice）以及字詞表達了我們的感受與想法。	1 a. 感受是什麼？（F） 1 b. 可以告訴我讓你非常開心或非常傷心的一個經驗嗎？（F） 1 c. 不同的語氣有哪些例子？（F） 1 d. 從 XXX 的語氣你如何判斷他的感受是什麼？從他的動作呢？（F） 1 e. 你如何能夠表現你的感受跟想法？（C） 1 f. 我們的感受如何跟我們的話語及動作連結？（C） 1 g. 我們為什麼要覺察到自己的語氣？（C） 1 h. 我的語氣可能表現一種以上的情緒嗎？（D）
2 – 合作幫助我們一起工作並解決衝突（UL、RL、PL）。	2 a. 我們要如何合作？（F） 2 b. 什麼是團隊經驗？（F） 2 c. 你要如何請求幫助？（F） 2 d. 如果需要幫助時，你可以找誰？（F） 2 e. 合作怎樣使我們的經驗變得更好？（C） 2 f. 輪流怎樣幫助我們合作？（C） 2 g. 你有哪些方法能夠自己解決衝突？（F）
3 – 問題與解答幫助我們獲得新資訊與理解（UL、RL）。	3 a. 什麼是問題？（F） 3 b. 什麼是答案？（F） 3 c. 所有的問題都一樣嗎？你可以用今天問過的問題舉例告訴我嗎？（F） 3 d. 問題如何能夠幫助我們找出新資訊？（C） 3 e. 我們為什麼需要聆聽別人對我們的問題提供的答案？（C） 3 f. 別人提供我們的答案怎樣能幫我們學到新事物？（C）
4 – 我們的肢體語言表達了我們的感受（PL、RL）。	4 a. 我們如何用身體聆聽？什麼是主動聆聽？（F） 4 b. 肢體語言是什麼？（F） 4 c. 語氣如何影響肢體語言？（C） 4 d. 主動聆聽如何幫助我們瞭解彼此？如果有一個以上的人同時講話，我們能聽見彼此嗎？（C） 4 e. 你能夠只用肢體語言表達感受嗎？（C） 4 f. 開放性和封閉性的肢體語言有什麼差別？（F）
5 – 字的順序塑造我們的訊息（PL）。	5 a. 句子是什麼？（F） 5 b. 訊息是什麼？（F） 5 c. 問題是什麼？（F） 5 d. 陳述是什麼？（F） 5 e. 改變字的順序會改變訊息的意義嗎？（C）為什麼會或不會？舉個例子。（F）

關鍵內容與主要技能

支線別關鍵內容	主要技能
學生會知道⋯⋯ 瞭解語言 · 團體中的各種角色 · 衝突解決技術 · 提問與回答技術	**學生將能夠⋯⋯** 瞭解語言 · 透過提問跟別人學習 · 在衝突情境中會尋求大人支持 · 在團體中承擔一個角色的責任
反應語言 · 主動聆聽的元素 · 輪流的技術 · 開始參與的技術 · 口語與非口語的溝通	反應語言 · 運用姿勢、動作、肢體語言與話語溝通需求並表達想法 · 在熟悉的社交情境和同儕與成人有效互動 · 遵循教室中的指導與常規 · 運用上下文線索 · 尊重的聆聽他人
評析語言 · 聲調變化 · 不同的語氣 · 不同的聽眾 · 情緒的名稱	評析語言 · 辨認自己的動作（口語／非口語）何時影響到別人 · 辨認語氣與聲調以確定訊息的意義
生成語言 · 句子的元素 · 文法規則 · 字詞順序 · 說話明晰清楚	生成語言 · 瞭解在不同語言中，字的順序會改變 · 運用自己語言的風格，作為發展文法意識的部分歷程 · 辨認語言中的聲音象徵性的表達想法和目標

建議的 時間表	建議的 學習經驗	評量	差異化	資源
導入	我們在遊戲時會……辨認出先備知識。建立教室裡的基本公約（G#1 與 2）。	評量學生已經瞭解了什麼先備知識。	可以提供衝突的案例。	
開始階段	比手畫腳（啞謎）：解讀我的臉或我的肢體。我能夠不用語言表達情緒或想法嗎？（G#4）	照片：跟學生用照片進行反思。	對可能有困難的學生做更多示範，或徵詢學生建議遊戲進行的其他方式。	
自始至終	非口語的合作遊戲（G#2 與 4） 1. 鏡子：兩人一組，每個人觀察並像鏡子一樣模仿夥伴的動作（非口語）。	藉觀察與團體反思，討論遊戲中哪裡做得好，以及非口語溝通的重要性。	學生配對，盡量跟熟識的夥伴一起。示範遊戲以幫助 EAL（以英語為第二語言，English as an additional language）學生瞭解指令。	
	2. 坐下：這個遊戲需要團體合作，一次一個人坐下，直到所有人都坐在椅子上。學生不能講話，也不能用姿勢或眼神接觸溝通。在這個遊戲中，學生學習看到細微的線索以合作達成遊戲目標。	藉觀察與團體反思，討論遊戲中哪裡做得好，以及非口語溝通的重要性。	學生可能要嘗試幾次甚至幾天，來完成這個遊戲。如果學生陷入掙扎，老師可以示範一些策略。	計時器 每個學生一張椅子，排成圓形
	3. 大圈繞小圈：學生手牽手圍成一個圓，手不鬆開傳送一個呼拉圈。	藉觀察與團體反思，討論遊戲中哪裡做得好，以及非口語溝通的重要性。		呼拉圈

建議的 時間表	建議的 學習經驗	評量	差異化	資源
自始至終	衝突解決以及決策遊戲 ・剪刀、石頭、布：學生將學到把這個遊戲當作幫助自己做決定或解決衝突的工具。 （G#2）	老師將觀察學生如何在兩兩配對以及大團體中進行遊戲，發展策略作為工具，並應用在課堂中做決定或解決問題。	看學生是否能想到用來幫助自己解決衝突的方法。	
單元開始	問題解決的步驟——辨認問題 可能的解決方法（G#2與3） 活動之後進行選擇之輪（wheel of choice） 挑選解答 執行 聽蘇斯博士的《賽克斯》，要學生辨認問題，已經有解決了嗎？什麼是可能的解決方法？看看我們的解決方法有沒有幫到賽克斯？跟孩子一起重演這個故事，用他們的方法去解決問題，記錄肢體語言和語氣。	學生已經有什麼策略？ 我注意到……學生列出在重演中注意到的語氣與肢體語言。	對難以解決衝突的學生，用小團體或一對一繼續努力。	蘇斯博士（Dr. Seuss）的《賽克斯》（*The Zax*）
單元開始	選擇之輪：學生在嘗試解決衝突時可以用的視覺工具（G#2與3）	觀察學生在解決問題時，是否用選擇之輪提醒自己。學生在表演時，我們是否看到他們運用這種語言？	對難以挑選解答的學生，幫他創造個人化的例子：以創造他們的圖像進行個別化，或用照片代表輪上的不同選擇。	一大張紙用以記錄學生對可用策略的回答

建議的 時間表	建議的 學習經驗	評量	差異化	資源
單元開始	情緒三明治：我們總是瞬間暴怒嗎？什麼讓你生氣？如果憤怒是三明治的外層麵包，中間發生了什麼讓我們怒氣沖沖？（G#1）	學生是否具備描述憤怒或快要生氣時所需要的字彙？	探索其他的情緒。憤怒是唯一因為其他情緒而引發的情緒嗎？	做三明治的厚紙板，不同內餡代表不同情緒如何引發我們的憤怒
單元中間	故事閱讀：《雨落下來》，大衛·夏能著		為需要再聽一次故事的孩子重讀一次。	《雨落下來》（The Rain Came Down），大衛·夏能（David Shannon）著
	運用圖卡提示，小團體合作重述故事。 全班討論以辨認衝突的原因，以及故事中的人物如何解決衝突。(G#2)	學生會運用圖卡，口頭重述故事的順序嗎？學生從故事中提取出哪些主題與概念？	在視聽中心準備這個故事。 把較強的學生搭配較弱的學生分在同一組，為團隊任務做準備。	每組都有圖片提示卡 白報紙和馬克筆
單元中間	我的訊息（I messages，學習如何運用我起頭的陳述方式幫助溝通自己的感覺）：用布偶角色扮演，演出不同案例。（G#1 與 3）	觀察並在每個夥伴團隊示範我的訊息之後進行反思。	把年紀較小的學生跟年紀較大的學生配對，老師給英文為第二語言（EAL）的學生字彙表以及結構化的協助。	我的訊息（I message）表格
自始至終	以多種方式呈現故事，例如，說故事、布偶、戲劇演出。透過故事呈現人物角色以及表達（話語以及肢體語言）。（G#3）	學生的反應與故事的連結。	學生發展自己的故事，或關於故事或日常情境的角色扮演。	《嘿，小螞蟻》（Hey, Little Ant），漢娜·胡施（Hannah Hoose）著

建議的時間表	建議的學習經驗	評量	差異化	資源
自始至終——引導到終點任務	搭舞台：呈現假想的場景以及策略，以運用問題解決技術解決異議。（G#2與3）	仔細討論對情境的建議，辨認情境：問題出在哪裡？我們有什麼方法可以著手解決問題？	邀請學生呈現情境中的角色：學生有什麼建議？	https://www.kidsmatter.edu.au/families/about-friendship/resolving-conflict/resolving-conflict-how-children-can-learn-resolve
	學習句子： 1）句子是什麼？學生在木塊著色，以標示出短句子中的每個字。	在活動中觀察與反思。	把年紀較小的學生跟年紀較大的學生配對，老師給英文為第二語言（EAL）的學生字彙表以及結構化的協助。	彩色立體木塊 長布條句子剪成個別單字
	2）要求在句子結尾時拍手、敲地板或彈手指。	觀察學生表現有助於老師評量學生是否會辨認句子的結束。	為需要更多協助的學生示範這個遊戲。	
	3）完成我的句子：一個夥伴同學開始一個句子，另一個夥伴完成句子，在完成句子時拍、敲、彈。		把年紀較小的學生跟年紀較大的學生配對，老師給英文為第二語言（EAL）的學生字彙表以及結構化的協助。	
	4）這是一個問題嗎？這是一個老師跟學生一起玩的遊戲，小組中的學生有一個薄木棒連著一個發泡塑膠的問號，當辨認出句子是一個問題時，學生就舉起問號。做過一些練習後，學生可以找夥伴辨認問題或陳述的例子。	玩這個遊戲時，老師立即推測學生是否瞭解問題跟陳述的差異。	老師提供英文為第二語言（EAL）的學生字彙圖卡或最近共讀的書中的句子。	把發泡塑膠製作的問號黏貼在薄木棒上，小組課中一人一個

建議的 時間表	建議的 學習經驗	評量	差異化	資源
	5）誰（Who）、什麼（What）、哪裡（Where）、什麼時候（When）：在一個海灘球的側邊標示誰、什麼、哪裡、什麼時候。孩子圍成一個圈坐下，往返滾動海灘球直到一個句子的元素出現。如果球滾出老師已經寫出來的元素，球就要傳給下一個孩子。從頭到尾，學生重複每個句子的元素直到完成。（G#5）	因為遊戲有老師在小團體中參與，老師可以觀察並在紙上記錄學生共同建構的句子。	年紀較小的學生跟年紀較大的學生配對，老師給英文為第二語言（EAL）的學生字彙表以及結構化的協助。	充氣海灘球或大骰子，上面寫誰、什麼、哪裡、什麼時候 白報紙或小白板以及馬克筆

註：要提醒在低年級階段，教室環境對學習影響很大，運用環境促進學生理解學習經驗是老師的重要工具。角色扮演區域就是個好例子：我們希望學生被這個區域的場景吸引而投入，如果場景反映了學生正在閱讀或聽過的故事、班上曾發生的情境，效果會更好。

低年級的老師總是在進行個人與全班的觀察，包括札記、照片或影片等觀察記錄都可以用來評量學生的理解，這些觀察資訊可以和學習經驗中得到的證據搭配，是有用的教學工具。

單元終點評量

什麼（單元焦點）：調查如何在遊戲中發展語言。

為什麼（通則）：**我們的動作、語氣以及字彙傳達了我們的感覺和想法。**

如何（吸引學生投入學習的情節）：

你是一個觀眾，觀看與聆聽人物角色扮演時，想一想語氣如何用來傳達演出者的感受。演出者的動作呢？你認為這些演出者的感受如何？什麼動作、姿勢及暗示讓你這樣想？

現在你變成演出者的機會來了，在小組中演出你分配到的故事內容，專注於適合與不適合當下情境的字彙、語氣及動作。

小組反思不同的動作、語氣以及字彙如何改變所表達的感受與訊息（老師做記錄）。你是否能夠提出想法，說明不同的動作、語氣以及字彙可能會如何改變你的感受？

學生跟老師一對一進行照片反思，學生解釋對「動作、語氣以及字彙如何表達我們的感受與想法」的理解，以及為什麼我們要察覺自己講話的語氣？

評分說明
小學低年級

4：符合所有標準的基準加上：

例證：

對不同的語氣，以及不同語氣傳達的情緒提出詳細説明。

對感受和語氣提出詳細清楚的區別。

3：

✓ **如果符合**

理解

完整解釋動作、語氣、字彙如何表達我們的感受與想法。

內容知識

能夠識別透過動作表達情緒的例子，例如姿勢和暗示。

呈現不同情境中語氣不同的例子。

解釋語氣如何改變感受與訊息。

透過角色扮演以及照片反思以連結到理解。

歷程

清楚的説明。

識別並運用適合的語調（intonation）、聲調（tone）以及語氣（mood）。

選擇適合的字彙。

標

準

2：達到標準中 5/8 的基準

1：無法評分；還沒有達到評分標準

教學單元資源
合作的遊戲

1. 鏡子（Mirrors）：

   將學生兩兩配對，解釋遊戲將進行兩輪，兩個人輪流扮演領導者與跟隨者，讓學生自己決定誰先扮領導者。說明領導者有 60 秒時間慢慢做一些刻意的動作，讓跟隨者像鏡子一樣模仿出這些動作。領導者可能扮鬼臉、舞動手腳、肩並肩、金雞獨立、重繫鞋帶，或任何想像得到而合理的事。活動過程中保持安靜，領導者的動作要慢而平順，讓跟隨者可以跟得上同步「鏡映」，60 秒後角色互換。

   變化版：

   每個人都扮演過一次領導者與跟隨者之後，接下來給團隊一分鐘時間，不指定誰是領導者。

2. 大圈繞小圈（Loopy Hoop）：

   讓孩子們站著，手牽手圍成圓圈，找兩個孩子把手放下，然後把一個呼拉圈或繩圈放在他們之間，兩個孩子手再牽起來時，呼拉圈會懸在他們的手臂上晃蕩。告訴學生從現在起，直到遊戲結束要一直牽手不可以放開。老師解釋遊戲的目標是繞著圓圈傳遞這個呼拉圈，每個孩子設法把呼拉圈從頭上繞過、從腳下跨過，盡可能互相幫忙。孩子們繞著圓圈完成呼拉圈的傳遞後，可以反方向傳，再玩一次。

衝突解決或決策的遊戲

1. 剪刀、石頭、布（Rock, Scissors, Paper）：

   參與者通常舉手握拳或向下划動計數，每回合開始時大聲數到三，數到第四下時，把拳頭變成下列三種姿勢之一：剪刀、石頭或布，朝對方伸手「丟」出去。

活動

我的訊息（I Messages）：

這個活動幫助孩子學習如何辨認自己以及別人情緒的技能，孩子可以用我的陳述句（I statement）開始，例如：「我覺得難過，在你不跟我玩的時候」（I feel sad when you don't play with me）。這樣可以幫助他們辨認自己的情緒，因而可能停止抱怨別人，或在討論解決方法或開始解決之前，先引導他們講出內心的糾結。

故事一《雨落下來》，大衛·夏能著：

這個故事幫助學生學習覺察周遭環境，以及環境對感受與反應可能的影響。

字彙：閱讀故事前需要討論的字彙包括發牢騷（squawk）、吼叫（yowled）、蠕動（squirmed）、美容院（beauty parlor）、理髮廳（barbershop）、爭吵（bickering）以及喧嘩（ruckus）。

導入：閱讀開始之前的提問包括

- 「看書的封面，你可以告訴我這些人物在故事中的感受嗎？」
- 「是什麼導致他們這樣反應？」
- 「下雨時你感覺如何？」
- 「出太陽時你感覺如何？」

閱讀中的提問：

- 「什麼是動作字彙？」
- 「什麼引發了故事中全面的喧嘩？」
- 「到了故事結尾，事物如何變化？」
- 「雨下得更大或停止不下，可能會發生什麼？」

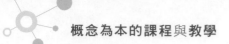

資源 **D-3.4**

單元範例：英文語言藝術

年　　級：七年級　　　　　　　　　　　　　　　　　**單元編號：**三

標　　題：用他們的眼睛看，用他們的心感覺

概念透鏡：觀點

單元時數：九週

作者（群）：蒂芙妮・布朗（Tiffanee Brown），灣景學校七至八年級語言藝術，華盛頓州柏靈頓－愛迪生學區

單元概述：

「如果你不從他的觀點理解事物，你就從來沒有真正認識這個人，你必須要進入他的身分，用他的身分去思考和處世。」──哈潑・李（Harper Lee），《梅崗城故事》（*To Kill a Mockingbird*）

　　你是否曾經想過別人眼中的世界是什麼樣子？或者，如果你生長在一個不同的城市或國家，你的生活會是什麼樣子？如果生活環境完全改變，你會不會變成不一樣的人？

　　在這個單元中，我們將透過故事、詩、個人論述（personal essays），以及訊息類（informational）文本的閱讀與討論，來探討觀點（point of view）與同情（compassion）之間的關係。我們將進行迷你探究以深入發掘作者的技巧，並檢視作者如何利用寫作和讀者溝通想法。這也幫助我們看到，考慮別人的觀點如何影響了我們的信念、行動，以及對重要問題的理解。在寫作小組中，你將要透過多重的觀點創造一個有意義的故事，用來教育你的讀者一個真實的事件。運用你知道有效寫作的所有相關技巧來幫助你的讀者「進入故事人物的身分」，透過你創造的人物的眼睛看世界。最後我們要舉行出版慶祝會：共同閱讀寫作小組的創作，結束我們的探索。

科技融入：

・Word 文字處理

・用 Google 文件（Google Docs）進行數位協作

本單元涵蓋的學業標準或國家頒定課綱：

本單元已經交叉檢驗並校準各州共同核心標準（Common Core State Standards）。

單元標題　　　用他們的眼睛看，用他們的心感覺

概念透鏡　　　觀點　　年　級　　七

瞭解文本

- 觀點
- 同情／同理
- 推論
- 證據
- 詳實解釋（elaboration）
- 敘事元素：人物、背景、情節、衝突、解決、主題
- 主要想法
- 文本結構：傳統敘事、簡介短文（vignettes）、詩、訊息類文本（informational text）
- 象徵性語言（figurative language）
- 感官細節
- 故事脈絡

反應文本

- 連結
- 反思
- 詮釋
- 討論

用他們的眼睛看，用他們的心感覺

評析文本

- 文本結構對意義的影響
- 作者的觀點
- 主題的詮釋
- 作者的技巧
- 用字選擇，包括敘述性細節、感官細節以及精確語言
- 多樣化媒體所呈現的想法衝擊
- 忠實性（時代與背景）

生成文本

- 論點
- 主張、證據與詳實解釋
- 發展觀點、背景、人物、衝突與解決，以及情節的敘事技巧
- 修辭手法與象徵性語言
- 寫作歷程

年　級　＿＿七＿＿　　單元標題　用他們的眼睛看，用他們的心感覺

通則	引導問題： F＝事實性；C＝概念性；D＝可辯論性
1. 考慮別人的觀點以建立同情與理解（UT, RT, PT）。	1 a. 觀點是什麼？（F） 1 b. 在到達個人層面的認識之前，＿＿＿＿＿（人物）對＿＿＿＿＿＿（人物）的感覺如何？（F） 1 c. 觀點與同情有什麼關係？（C） 1 d. 我們為什麼要考慮其他人的觀點？（C） 1 e. 如果我們從來不花時間考慮別人的觀點，世界會變成什麼樣子？（D）
2. 對同一個主題、想法或事件，不同的觀點導致多樣化的再現與詮釋（UT, RT, CT）。	2 a. 人們為什麼用不同的方式詮釋相同的主題或想法？（C） 2 b. 在閱讀故事時，你如何知道一個人物對事件的詮釋與感受？（C） 2 c. ＿＿＿＿＿＿（人物）與＿＿＿＿＿（人物）如何用不同的方式詮釋故事中的一個事件？你怎麼知道的？他們的觀點在這些詮釋中扮演什麼角色？（F） 2 d. 透過不同人的眼睛看待一個經驗如何幫助你瞭解問題？（C） 2 e. 什麼使得觀點的可信度提高？（C） 2 f. 一個觀點可能被認為比另一個觀點高明嗎？解釋理由。（D）
3. 故事的背景形塑了人物的觀點與行動（UT）。	3 a. 作者如何鋪陳故事的背景？（F） 3 b. ＿＿＿＿＿＿故事的時間軸是什麼？（F） 3 c. 一個故事的背景（包括地點與年代）如何影響人物的思想、信念與行動？（C） 3 d. 故事背景與時間軸等背景知識如何影響讀者對故事的詮釋？（C） 3 e. 我們在「哪裡」（where）會影響到我們將來會變成什麼嗎？環境如何影響我們的思想、信念與行動？（C） 3 f. 如果你在不同的地方長大，你會變成不同的人嗎？（D）
4. 作者運用敘事技法，諸如對話、節奏及敘述等，以鋪陳經驗、事件及人物，建構複雜的故事（UT, PT）。	4 a. 透過十三種觀點講一個故事，將如何不同於傳統故事？（F） 4 b. 作者如何在故事中表達時間的進展？（F） 4 c. 作者如何賦予人物角色獨特的聲音？（F） 4 d. 作者如何在故事或詩中發展觀點？是什麼證據引導你產生這些結論？（F） 4 e. 故事中的元素如何互動？如果一個元素改變，故事會發生什麼變化？（C）

通則	引導問題： F＝事實性；C＝概念性；D＝可辯論性
5. 精確的字彙與感官語言刻畫出動作，並把經驗傳達給讀者（UT, RT, PT）。	5 a. 什麼是精確語言（precise language）？（F） 5 b. 什麼是感官細節（sensory details）？（F） 5 c. 為什麼字彙選擇很重要？（C） 5 d. 作者如何用簡短的字彙溝通生活經驗的感受、想法與細節？什麼細節創造出最大的衝擊？（C） 5 e. 精確語言與感官細節如何吸引讀者投入？（C）
6. 故事的主題透露出關於生命的訊息，作者希望讀者思索以增廣觀點（UT, PT）。	6 a. 主題是什麼？（F） 6 b. 作者如何發展文本的主題？（C） 6 c. 文本作者如何鋪陳故事或詩的主題？（F） 6 d. 讀者可以運用什麼策略來理解文本的主題？（F） 6 e. 是什麼連結了讀者與文本的主題？（C） 6 f. 是什麼讓一個故事傳誦不止？（D）
7. 用文本證據支持推論，強化了分析的可信度（UT, CT, PT）。	7 a. 分享我對故事或詩的詮釋時，為什麼需要證據？（C） 7 b. 我如何使證據更有效？例如：聽起來不錯或流暢？（F） 7 c. 有哪些策略可以深化我在寫作中的分析？（F） 7 d. 如果讀者不用證據作為故事分析的基礎會發生什麼事？（C）

註：通則中的編碼標示不同的網絡支線（UT: Understanding Text/瞭解文本，RT: Responding to Text/反應文本，CT: Critiquing Text/評析文本，PT: Producing Text/生成文本），以顯示這些通則整體性表達歷程性學科的所有面向。

關鍵內容與主要技能

關鍵內容（支線別）	主要技能

學生會知道……

瞭解文本
- 觀點以及觀點在文本中的角色
- 觀點如何影響聲音（voice）
- 文本結構：傳統敘事、簡介短文、訊息類、詩
- 敘事元素：人物、背景、情節、衝突、解決、主題，以及這些元素如何互動而發展出一個故事
- 同情的意義
- 用證據支持推論（inference）的重要性
- 主題（theme）的意義，作者如何發展主題
- 在建構意義時，象徵性語言與感官細節的角色

反應文本
- 讀者產生與文本的連結
- 反思的策略
- 協作性討論的策略

評析文本
- 文本結構對意義的影響
- 作者對主題的觀點與詮釋
- 作者技巧的意義
- 敘述性細節、感官細節、精確語言等有意圖選字的影響
- 不同媒體所呈現想法的影響

生成文本
- 主張、證據以及詳實解釋在支持論點的角色
- 發展觀點、背景、人物、衝突與解決，以及情節等敘事技巧
- 修辭手法與象徵性語言在故事發展中的角色
- 寫作歷程的階段

學生將能夠……

瞭解文本

CCSS.ELA-LITERACY.RL.7.1
引用數個文本中的證據，以支持文本分析中明顯的敘述，以及從文本中引申的推論。

CCSS.ELA-LITERACY.RL.7.2
找出文本中的主題或中心想法，分析在文本中的發展過程，提出對文本的客觀彙總。

CCSS.ELA-LITERACY.RL.7.3
分析故事或戲劇中的特殊元素如何交互影響（例：背景如何形塑人物或情節）。

CCSS.ELA-LITERACY.RL.7.4
找出字與片語在文本中的意義，包括象徵性與內含性（connotative）意義，分析押韻以及其他重複聲音（例：頭韻 alliteration）對特定詩節或故事中段落的影響。

反應文本

CCSS.ELA-LITERACY.SL.7.1
有效的投入一段協作式討論（一對一、小組、教師引導），與不同夥伴討論七年級主題、文本、議題，以別人的想法為基礎，清楚傳達自己的想法。

CCSS.ELA-LITERACY.RI.7.3
分析文本中個人、事件、想法的交互作用（例：想法如何影響個人或事件，或個人如何影響想法或事件）

評析文本

CCSS.ELA-LITERACY.RL.7.5
分析戲劇或詩的形式或結構（例：獨白、十四行詩）如何幫助表達意義。

CCSS.ELA-LITERACY.RL.7.6
分析作者如何鋪陳並對比文本中不同人物或旁白的觀點。

CCSS.ELA-LITERACY.RI.7.4
找出文本中字與片語的意義，包括象徵性、內含性與技術性意義。分析特定選字對意義與聲調的影響。

生成文本

CCSS.ELA-LITERACY.W.7.1
寫出理由清楚並且有相關證據的論點以支持主張。

CCSS.ELA-LITERACY.W.7.3a-e
運用有效技能、相關敘述性細節以及結構合理的事件順序進行敘事，以鋪陳真實或想像的經驗或事件。

CCSS.ELA-LITERACY.W.7.5
在同學與老師的引導及支持下，藉計畫、修改、編輯、重寫或嘗試新途徑等步驟，啟發並強化必要的寫作能力，聚焦於兼顧寫作目的與讀者需求。

年　　級：＿＿＿七＿＿＿　　單元標題：用他們的眼睛看，用他們的心感覺

建議的 時間表	建議的 學習經驗	評量	差異化	資源
第一週	一開始用錨形圖（anchor chart）追蹤單元學習歷程中學生的思考。 **觀點與同情**有什麼關係？（G1）	學生在概念錨形圖上面貼上便利貼，標示對這個概念的最初想法。	提供句子開頭字以協助討論。	
	寫作任務基準： 放聲閱讀：《公園裡的聲音》，安東尼・布朗著，閱讀並討論這個故事。（引導問題選自 G2）	故事地圖摺疊筆記：中間——標示人物、背景及情節點，概述書中四個聲音各自的觀點。		《公園裡的聲音》（*Voice in the Park*），安東尼・布朗（Anthony Browne）著
	還有誰可能在公園裡？學生創造第五個聲音，從新角色的觀點重寫故事，參考基準以設定寫作目標。	**敘事寫作目標：** 分析寫作基準樣本；用敘事寫作規準自評。	敘事寫作基準分析檢核表。	
	以真實世界中，人們以不同方式詮釋事件或主題為場景，進行腦力激盪。	在進行寫作計畫之前，我們還需要什麼練習？		書寫的會話進行規約
	用書寫的會話： 學生回答下列兩個問題，交換紙張，用筆談進行會話。 1. 為什麼人們以不同方式詮釋同樣的主題或想法？ 2. 為什麼通過別人的眼睛看待一個經驗會幫助你瞭解議題？	**學生自選迷你課程：** 創造寫作錨形圖。 複習書寫的會話。	個人寫作目標。 分享日誌記錄範本。	
	人物日誌記錄：研究一張圖片，以圖片中某個人物的觀點書寫。	複習日誌記錄以重現觀點。	提供訪談問題。	

建議的 時間表	建議的 學習經驗	評量	差異化	資源
第二週	**探究觀點、敘事元素以及主題間的交互激盪：**（G2、G3、G4、G6）			
	個案研究一：全班觀看《60 分鐘》製作的〈回收者〉。			《60 分鐘》（60 Minutes）製作的〈回收者〉（The Recyclers）
	討論背景對觀點以及認同形成的影響：以引導問題 3b-3d 為基礎討論。	在班級錨形圖加上新的發現。		
	個案研究二：兩兩配對 呈現文本，允許學生選擇其中之一進行探究。我們從文本中發現什麼是觀點？以 G2、G3、G4、G6 的引導問題為基礎分析文本。	配對學生對全班發表他們的發現，並把發現繼續記錄在班級錨形圖。	文本代表不同的複雜度、體裁以及主題。	教師準備文本集以幫助學生探索觀點這個概念
	人物日誌記錄： 1）從學生選擇的文本中所呈現的一個觀點開始寫 2）學生從選擇文本之外某人呈現的一個觀點開始寫	複習日誌記錄，以重現觀點以及敘事元素。	提供結構式的處理表讓學生完成。	包含人物的一套多樣化照片集錦

參考資源

詩：
- 〈成名〉（Famous），Naomi Shihab Nye 著
- 〈微笑：柳樹與銀杏〉（Smile: Willow and Ginkgo），Eve Merriam 著
- 〈大聲說〉（Speak up），Janet S. Wong 著

小說摘錄：
- 《芒果街上的小屋》（House on Mango Street），Sandra Cisneros 著，〈那些說不的人〉（Those Who Don't），〈四棵細瘦的樹〉（Four Skinny Trees）

個人論述文集摘錄：
- 《這我相信》（This I Believe），Jay Allison 與 Dan Gediman 合著
- 〈別鬧送披薩的小子〉（Be Cool to the Pizza Dude），Sarah Adams 著
- 文集中發展「觀點」概念的其他論述

其他來源：
- 關於同理心以及瞭解偏見等主題的文章
- 多重觀點的短篇故事或戲劇

建議的時間表	建議的學習經驗	評量	差異化	資源
第三週	**探究選字、生活細節，以及與讀者的連結之間的關係（G5）**			宋妮雅・松斯（Sonya Sones）著作《別裝了》（*Stop Pretending*）的摘錄
	個案研究三： **全班一起分析** 老師展示宋妮雅・松斯作品《別裝了》的片段，學生依據引導問題 G5 為基礎，進行詩的分析。	把新發現加進班級錨形圖。	全班分析以示範過程，讓學生有例可循。	教師文本啟動了詩篇學習，顯示如何藉精確字詞以及感官語言刻畫動作，並將經驗傳達給讀者
	個案研究四： 學生選擇一首詩，依個案三的歷程分析。	詩的分析表。	詩的分析表提供分析主幹。	
	人物日誌記錄： 以一篇新聞報導中或報導外某個人的觀點撰寫，特別強調選字以傳達生活細節。	複習日誌記錄以重現觀點以及敘事元素。	代表不同的閱讀程度以及主題複雜度的文章。	報紙、網路新聞網址，或老師選擇的新聞故事
第四至六週	**全部整合：分析指導文本（G1、G2、G3、G4、G5、G6、G7）** 《撒種人》，保羅・佛萊希曼著 學生觀看背景照片，展開一場虛擬感官之旅，然後填寫感官記錄表，並找出一個字表達情緒，或「如果你身在照片中，你的感覺」是什麼。 學生形成自選的文學小組。	分享感官記錄表： 「我看到……， 我聽到……， 我感覺……， 我聞到……， 我嚐到……」	情緒字彙列表。	指導文本： 《撒種人》（*Seedfolks*）， 保羅・佛萊希曼（Paul Fleischman）著 代表書中背景的照片

建議的 時間表	建議的 學習經驗	評量	差異化	資源
第四至 六週	**每個人物／觀點（POV）** **閱讀前：** 分析圖像進行推論，完成資訊處理表的「閱讀前」欄位。 **閱讀中：** 學生一邊讀一邊推論，並分析作者的技巧。 **閱讀後：** 重看圖像並更新資訊處理表的「閱讀後」欄位，選一個字彙描述每一個人物與社區花園互動前，一個字彙描述互動後。 以引導問題 G1-G6 為基礎，討論每一章。 **其他焦點問題：** 書中人物面對什麼議題或問題？背景在問題中扮演什麼角色？人物如何克服這些問題？不同的觀點如何促進你對故事的理解？ **寫作者工作坊迷你教學單元：** 整合證據，詳實解釋的策略。	學生完成資訊處理表。 學生用文本證據以及詳實解釋支持推論。 聆聽並肩夥伴以及全班討論。 學生貼出代表每個角色之前與之後的字彙。 學生在布告欄貼字彙。 聆聽並肩夥伴以及全班討論。 書本結束的反思。 由證據與詳實解釋所支持的文本分析。	「情緒表」字彙表。 建立背景知識：為每個人物做視覺／圖像整理。 圖形組織工具。 其他人閱讀時聽有聲書。 大團體反思，學生可以聽到每個人的思考過程。 撰寫有根據的句子開頭語詞。 詳實解釋句子開頭語。	代表十三種觀點的照片集

建議的 時間表	建議的 學習經驗	評量	差異化	資源
繼續第 六週	**人物日誌：** 學生從代表各種人的照片集中選出一張照片，為照片中人完成角色地圖。反思：在敘寫他之前，你覺得這個人怎麼樣？回顧這個人的生命故事後，你對這個人的想法有什麼改變？ 更新概念錨形圖，**觀點**與**同情**之間有什麼關係？（G1）	複習日誌記錄以重現觀點以及敘事元素。 學生把便利貼黏到錨形圖。	引導問題以支持人物分析。	一套包含人物的多樣化照片
第七至 九週	**表現任務：** 提供敘事寫作挑戰的概述。 比較並對比《公園裡的聲音》和《撒種人》，在班級錨形圖加上觀察與推論。 學生形成自己選擇的四至五人寫作小組。 **預寫：** 小組共同腦力激盪，並勾勒出故事元素，鋪陳主題、情節，以及每個人物角色的概述。 聚焦問題：你的小組撰寫什麼議題？你如何幫助讀者對議題與其中人物感同身受？ 個別人物發展：每個學生完成一個人物計畫大綱，以建構人物發展。	 把觀察與推論加入班級錨形圖。 核閱規劃以及人物發展過程。 與小組以及個人晤談。	 視個別學生需要，協助寫作以及圖形組織工具。 一對一寫作協助。 分享以前專題的範例。	學生從以前專題中尋找範本 如果學生尋求更多專業作家的例子時，提供其他多元觀點論述的文本

建議的 時間表	建議的 學習經驗	評量	差異化	資源
第七至 九週	**寫作者工作坊：** **擬稿、修改、編輯** 學生在自選迷你寫作教學單元中重訪錨形圖，依據學生需求授課。	以寫作教學單元以及個別學生目標為基礎的寫作研討會。	依學生需求安排全班、小組及個別的寫作教學單元。	寫作參考書，諸如巴瑞·連恩（Barry Lane）的《修訂者工具箱》（*The Reviser's Tool-box*），或南西·雅推爾（Nancy Atwell）的《改變寫作者的教學單元》（*Lessons That Change Writers*）
第九週	**出版** 學生印刷、裝訂，並製作插圖。	評量以迷你教學單元的焦點為基礎。		
	個別作者反思： 學生將解釋呈現故事中每個人物的觀點，如何幫助讀者對故事中的問題建立同情與理解。 學生將引用並反思此單元探究的概念、反思身為寫作者的自我成長，並舉出一個真實例子，說明沒有考慮別人觀點的後果。	學生自評，然後老師依據敘事寫作規準評量。 學生反思從敘事基準任務到現在的成長，老師依據規準評估技巧報告。	概念性架構／句子主幹。 「哇」（WOW）起頭的驚嘆句回饋	
	慶賀： 展示所有創作書，讓學生有機會閱讀彼此的故事。學生依據本單元中發現的概念性理解，用「哇」的驚嘆回饋創作者，給予明確的讚美。		**寫作者工作坊迷你教學單元的參考構想：** · 修改的策略 · 寫作敘事的線索 · 放慢時間 · 搭配文字設計圖畫 · 設計人物的內在思想 · 有效對話的策略 · 發展人物的策略 · 建構故事中的主題 · 敘事結束的種類 · 為故事命名	
	單元反思： 學生撰寫單元通則或理解陳述。	核閱學生撰寫的通則。		

單元終點評量

年　　級＿＿＿七＿＿＿　單元標題：用他們的眼睛看，用他們的心感覺

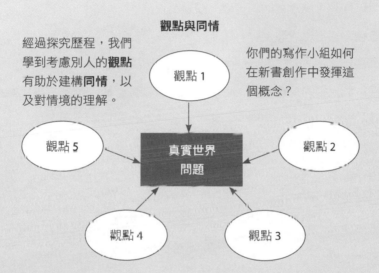

觀點與同情

經過探究歷程，我們學到考慮別人的**觀點**有助於建構**同情**，以及對情境的理解。

你們的寫作小組如何在新書創作中發揮這個概念？

觀點 1

真實世界問題

觀點 2

觀點 3

觀點 4

觀點 5

什麼（單元焦點）：

學生將探索觀點與同情之間的關係。

為什麼（通則）：

為了瞭解：考慮別人的觀點奠立了同情與理解的基礎。

如何（吸引學生投入學習的情節）：

你的挑戰是辨認一個真實的爭議或問題，創作一個表達人物角色克服情境的故事。

故事中的每一章都要透過一個不同的觀點陳述，以幫助讀者深入瞭解議題。想想真

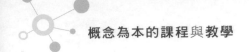

實生活中感受深刻的情境與問題，從中尋找靈感。

　　完成故事後，你要就本單元學習、個人作品與小組作品進行個人反思，你認為呈現故事中每個角色的觀點，如何幫助讀者對故事中的問題產生同情與理解？

步驟：

・找出一個年輕人可能會接觸的情境、問題或爭議。

・辨別問題在哪裡出現或發生。

・就這個問題涉及的人物，設計涵蓋不同視角與觀點的人物表，寫作小組中的每個人將依循一個人物的視角敘寫。可以像《撒種人》一樣，安排主角與配角。

・策劃故事。你們如何把人物兜在一起，以解決問題或克服爭議？

・開始撰寫故事。

・寫作小組聚會。

・修改與編輯故事。

・創意美工作業。

・出版新書。

・個別作者反思：你如何相信你們的故事會幫助讀者考慮其他人的觀點，並且對故事中的問題或爭議產生同情與理解？寫下一、兩段反思討論。提供真實生活中，沒有顧慮別人的觀點導致之結果的一個例子。

・慶賀！

單元終點評量規準

	超越標準（4）	符合標準（3） 圈選符合的敘述	還沒完成， 但我會完成（2）
歷程		**敘事焦點** 作者 ・建構脈絡、觀點以及帶入一個敘述者或幾個人物，來吸引讀者並指示方向。 ・呈現自然而合乎邏輯的事件展開順序。 ・運用對話、步調、敘述等敘事技巧，鋪陳經驗、事件或人物。 ・順著敘事經驗或事件並且反映敘事經驗或事件，提供結論。 **語言與字彙** 作者 ・運用精確語言與成語、相關的描述細節以及感官語言，刻畫動作並傳達經驗與事件。 ・運用多種轉折字、成語以及子句以傳達順序，並暗示時間或背景的轉換。 **寫作慣例** 作者 ・展現對標準英文文法、大小寫、標點符號及拼字等慣例的駕馭能力。 **協同合作** 藉以下幾點，我們小組持續合作完成目標 ・用正當的方法完成挑戰。 ・彼此讓步，解決異議。 ・對所有成員的想法與貢獻彼此致敬。 ・對共同書寫作品提出深刻而富有建設性的回饋。	

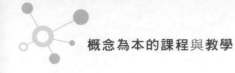

內容		**主題** 藉以下各點，我們在故事中有效的發展主題 ・處理七年級少年可能遭遇的真實問題或爭議。 ・讓讀者透過多重觀點的視角看待問題。 ・教育讀者一個重要的人生教訓。	
理解		**通則的理解** 個別作者的自我反思 ・徹底解釋呈現故事中每個人物的觀點，如何幫助讀者對故事中的問題產生同情與理解。 ・引述並反思單元中探索的概念。 ・討論沒有考慮他人的觀點時，可能發生的結果。	

得分：＿＿＿＿＿/4

1- 沒有提供足夠的作品讓老師評分

資源 **D-4.1**

概念為本的教學單元計畫範本

單元標題 _____   教　師 _____

學　科 _____   年　級 _____

教學單元編號 _____   教學單元時間範圍 _____

教學單元開始（開始上課跟學生溝通）：

學習目標：學生會理解（通則）、知道以及會做什麼（技能）

通則（學生將會理解……）

註：通則可能適用於單一或系列教學單元。

1.

— 引導問題

— 1a.

— 1b.

— 1c.

單元支線	關鍵內容（知道）	主要技能（會做）

學習經驗	差異化

教材／資源

評量

總結

教師札記

資源 **D-4.2** ——————————————

概念為本的教學單元計畫範例

 化學鍵結教學單元（十一年級）

單元標題： 化學鍵結與結構：全都跟形狀有關！

教　　師： 莫娜・希爾麥（Mona Seervai）

學　　科： 化學　　　　　　　**年　　級：** 十一

教學單元編號： 四　　　　　　**教學單元時間範圍：** 三節課

教學單元開始（開始上課跟學生溝通）

　　分子占據三維度的世界！ 看過許多在二維度書面的分子描述後，我們可能忘記這一點。你們學過的路易士電子點結構（Lewis electron-dot structure）除了繪製不同電子間連接的順序外，別無幾何上的意義。

　　這一課我們要用物理模型以及電腦模擬來創造三維度（3D）模型，以瞭解電子域（electron domain）的概念，並利用 VSEPR（價殼層電子對互斥）模型預測圍繞著某一原子鍵結的幾何形狀。本教學單元結束時，你將學會計算鍵角（bond angle）並預測分子形狀。

學習目標：學生會理解（通則）、知道（事實知識）以及會做什麼（技能）

通則

學生將會理解……

1. 共用電子導致共價化合物（**covalent compound**）形成。

   引導問題

   ・ 1a. 靜電吸引力（electrostatic force of attraction）是什麼？（F）

   ・ 1b. 哪些電子也被指定為價電子？（F）

   ・ 1c. 路易士結構圖如何顯示電子的排列？（F）

   ・ 1d. 不同種類的鍵（bond）（單鍵、雙鍵、三鍵）如何被創造出來？（C）

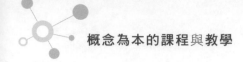

2. **價殼（valence shell）中的電子域可以預測分子形狀。**

引導問題

- 2a. 電子域是什麼？（F）
- 2b. 為什麼原子在價殼中有獲得電子的傾向？（C）
- 2c. 電子對的排斥如何決定分子的形狀？（C）
- 2d. 創造 3D 結構如何提供對鍵角的瞭解？（C）
- 2e. 創造 3D 結構是否改變路易士結構圖的重要性？為什麼是或不是？（D）
- 2f. 科學家如何應用基準來評估科學理論的效度？（D）
- 2g. 科學論述使用的語言跟日常語言的差異有多大？（D）

支線	關鍵內容（知道）	主要技能（會做）
共價化合物	·共享電子與原子核之間的靜電吸引力 ·鍵的種類	·建立電子點結構 ·由分子幾何預測鍵角
分子結構	·路易士結構與價電子的定義 ·八隅體規則（Octet rule）以及穩定的原因	·運用結構以推論化合物的屬性 ·依據電子對預測化學物種的形狀

學習經驗	差異化
複習共價分子：觀看一部英國皇家化學學會關於路易士結構與鍵結的短片，辨認單鍵、雙鍵以及三鍵的形成。	用課本教材輔助，討論影片。
練習畫氫、氧、氯、氮、水及甲烷的路易士結構。	不同程度鷹架支撐的學習單。
運用有機分子模型（molymod）啟動探究歷程，學生配對以創造下列 3D 分子：氧、氨以及水。	混合能力配對。

學習經驗	差異化
運用 ChemSketch 畫出以下分子：甲烷、氨、二氧化硫及二氧化碳。	改變指令：由同學以及老師指導個人用 ChemSketch 畫圖。
把畫複製到 3D 觀景器，測量每一個的鍵角、在學習單畫出每一個的形狀、決定分子的幾何結構，完成學習單。	

教材／資源

影片來源：

http://www.rsc.org/learn-chesmitry/resource/res00001370/chemistry-vignettes-bonding-theory-and-vsepr#!cmpid=CMP00003191

《國際文憑大學預科課程化學課本（第二版）》 *Chemistry for the IB Diploma Programme* (2nd editon), Pearson Baccalaureate, by Catrln Brown and Mike Ford (2014).

ChemSketch (version 11.0) – 免費下載軟體

（http://www.acdlabs.com/products/draw_nom/draw/chemsketch/）

共價分子的路易士結構學習單

網路資訊：http://www.chem1.com/acad/webtext/chembond/cb05.html

評量

1. 形成性評量：觀察學生繪製路易士結構的正確性；檢查學習單。
2. 啟動全班以分子模型製作 3D 模型的討論。
3. 運用 ChemSketch 繪製分子，然後在 3D 觀景器檢視分子結構。
4. 教學單元結束時指派以下表現任務：

   你是一個科學家，正在對一個結構進行新的判斷。

   調查「臭氧」的分子結構。

你將會做：

a. 繪製路易士結構圖。

b. 估計鍵角——運用 VSEPR 模式以及 ChemSketch。

c. 運用資訊預測分子的形狀。

你必須要寫出判斷的依據，畫出一個模型，並創造出分子的 3D 模型。

延伸：加一個多原子離子（polyatomic ion），例如：$CO_3{}^{2-}$ 與 $NO_3{}^-$ 或 $HCO_2{}^-$（因為它們有共振結構，學生可以探究一個新的概念）。

總結

VSEPR（價殼層電子對互斥）模型因為簡潔以及對分子形狀的解釋力而深具影響力，然而，跟所有的科學模型一樣，VSEPR 也因為只依據電子互斥，沒有考慮軌域而受限。

教師札記

這一課是化學鍵結與結構單元的一部分，探究歷程中運用了 molymod（或類似工具）模型引起高度興趣，接著用電腦軟體預測分子形狀繼續維持學生興趣。最後，關於科學模型有效性的討論可以連結到國際文憑大學預科課程中「知識的理論」。

來源：莫娜・希爾麥（Mona Seervai），印度孟買（Mumbai, India）

學習經驗：阿努拉達・斯芮達博士（Dr. Anuradha Sridhar），孟買國際學校（Bombay International School），十一年級化學老師 © 2012 Lois Lanning – Lesson Planner Template

資源 E

概念為本課程單元的評估檢核表

© 2016 Lynn Erickson and Lois Lanning

· 單元網絡與單元概述

_____ 1. 單元標題夠清楚嗎？任何人看了就知道學習的主題嗎？

強大的標題：科技對社區生活的衝擊

薄弱的標題：小工具與 Whirligigs（一種 VR 放映軟體）

_____ 2. 單元標題既不太狹隘又不太廣泛嗎？

太廣泛：生命、模式、系統

太狹隘：地殼、明顯的命運、兩位數乘法

_____ 3. 是否有屬於這個學習單元的適當概念透鏡？

（可以融入單元標題或顯示在單元網絡的上方）

· 透鏡是否提供單元標題明確的焦點？

· 透鏡是否與學習單元有關，並能夠反映出深入的理解？

· 透鏡是否暗示與其他學科領域或主題間具有可遷移的連結？

_____ 4. 支線是否涵蓋單元的主要學習範圍？

_____ 5. 重要的次要主題以及次概念是否羅列在各支線之下（對內容繁重的學科尤其重要，例如歷史）？

_____ 6. 各支線下的次概念與次要主題是否代表學業標準或國家課綱的需求，並提供此支線符合年級程度的完整探討？

_____ 7. 單元概述是否提供簡明而具吸引力的學習單元彙總？

_____ 8. 在歷程導向的學科中，支線是否展示由單元歷程、策略或技能衍生出的概念？

·通則（理解）

_____ 1. 通則是否從必要的學業標準或國家課綱發展而得？通則是否運用了單元學習中最重要的概念？

_____ 2. 通則是否反映了學生從學習中帶得走、最重要的概念性理解？

_____ 3. 通則是否使學生能夠把知識遷移到更寬廣的脈絡？

_____ 4. 通則夠清楚嗎？其他老師能夠立即連結通則與單元內容嗎？

_____ 5. 通則是否完全沒有第一階動詞（禁忌動詞）：**影響**（affect）、**衝擊**（impact）、**間接影響**（influence）、**是**（is/are）、**有**（have）？

_____ 6. 單元通則是否整體性代表了單元網絡中的所有支線？

_____ 7. 在內容／概念導向的學科單元中（例如：社會研究、自然科學、數學），在單元規劃中是否應該包括一些必要的歷程性通則？

_____ 8. 是否用現在式、主動式動詞撰寫通則？

_____ 9. 是否避開被動語氣動詞（例如：「會被導致」[can be caused by]）？

註：如果動詞以被動式呈現，把句子對調一下，把句子的受詞（by 後面的名詞）搬到句首變成主詞，改成現在式與主動式動詞。例如："Feelings of anxiety, confusion, and anger can be caused by severe disruption of a community's social and economic infrastructure" 可以改成 "Severe disruption of a society's social and economic infrastructure can cause feelings of anxiety, confusion, and anger"。

_____ 10. 通則是否已經排除代名詞、專有名詞，或者把想法限縮在特定時間、地點或情境內的主題？

_____ 11. 如果陳述不是永遠正確時，通則是否加上保留用語（通常 [often]、可以 [can]、可能 [may]）？

_____ 12. 通則是否避免產生一個「價值陳述」（訊號：包括**應該** [should] 或**必須** [must] 等）？

_____ 13. 通則是否代表至少兩個概念、用強大動詞連結成的關係陳述句？

・引導問題

_____ 1. 每個通則是否有三到五個混合事實性與概念性的問題？

註：第一階動詞可以放在問題中，但不能放在通則中。

_____ 2. 整個單元有沒有一、兩個可辯論問題？

註：可辯論問題可能是開放性的，可以有專有名詞、過去時態動詞以及第一階動詞。這些問題必須是可以辯論的。

_____ 3. 這些問題是否引導學生由事實與技能朝向通則目標思考（通常是歸納式教學）？

註：可以從通則中直接取用一樣的字句，再植入概念性問題中。竅門：老師用 F、C、D 為問題編碼會有幫助。

_____ 4. 概念性與可辯論問題是否邀請學生投入探究？

・關鍵內容（知道）

_____ 1. 關鍵內容是否為關鍵事實性知識的列表，而不是一套加上動詞的內容知識目標？（知道是整個關鍵內容列表中唯一的動詞。）

_____ 2. 關鍵內容是否寫成一套核心的事實性知識，而不是通則？

_____ 3. 關鍵內容是否支持通則，並反映與學習主題相關的其他重要知識？

_____ 4. 沒有直接連結通則的關鍵內容，是否仍然反映了關於單元主題的重要知識？

・主要技能（會做）

_____ 1. 是否從學業標準或國家課綱之中提取出主要技能？

_____ 2. 技能是否代表一系列思考的歷程？

_____ 3. 這些技能是否以書面表達，以便遷移到不同應用情境？

_____ 4. 技能是否避免以特定主題命名？

註：書面記錄後，技能可以在學科內遷移（例如：操弄多邊形以作為變換 [transformation] 的例子），但不能指定特定的主題（例如：「評估原始與二手資料來源，以學習美國原住民文化」）。

・評量

_____ 1. 單元終點評量是否涵蓋概念為本單元的三個關鍵組成成分：**理解**（通則）、**知道**（關鍵事實內容）以及**會做**（技能）？

_____ 2. 評量是否從反映深入概念性理解的目標性通則中挑選**文字**？

_____ 3. 「什麼、為什麼、如何」這些組成成分正確嗎？（什麼＝單元標題；為什麼＝最重要的單元通則；如何＝實作表現）

註：鼓勵參與者透過「吸引人的場景」寫出真實的（真實世界的）表現任務。RAFTS 或其他的工具可以用來指定角色（Roles）、觀眾（Audiences）、格式（Format）、主題（Topic），以及強而有力的動詞和形容詞（Strong Verbs and Adjectives）。

_____ 4. 評量任務是否嚴謹？是否需要學生應用到新脈絡、情境或問題，而不是背誦就能應付的評量？

_____ 5. 該單元是否從頭到尾都有多元的評量方式，以提供學生**理解**、**知道**、**會做**的證據？

・評分說明

_____ 1. 評分說明是否清楚敘述期望學生**理解**、**知道**、**會做**的基準？

_____ 2. 評分說明是否賦予各個基準權重？

_____ 3. 評分說明是否鼓勵學生自我評量？

· 學習經驗

_____ 1. 學習經驗是否讓學生在真實的學科領域中探索通則、知識與技能？

_____ 2. 是否有些學習經驗幫助學生為終點任務做準備？

_____ 3. 是否有些學習經驗處理未包含在表現任務中的其他通則、知識與技能？

_____ 4. 學習經驗是否包括充分的敘述，足以讓其他老師輕鬆的照著操作？

_____ 5. 學習經驗是否以極大化學生投入與效能為設計目標？

_____ 6. 學習經驗是否富有意義，值回投入的時間？

_____ 7. 是否有過多的學習經驗處理同樣的主題？

_____ 8. 是否有些學習經驗促使學生運用並發展探究技能？

_____ 9. 學生的實作表現是否有意義的統整了不同的課程或學習領域？

_____ 10. 是否因應學生的學習需求與興趣，針對部分學習經驗進行差異化教學？

_____ 11. 竅門：依據教學導向的通則目標為學習經驗編碼很有幫助（例如：G#1、G#2 等等）。

資源 **F**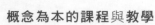

中學階段數學通則

珍妮芙‧瓦梭（Jennifer Wathall）在 2016 年的著作《概念為本的數學》（*Concept-Based Mathematics*）中，準備了許多優質的通則以協助六至十二年級的老師。

‧三角

- 直角三角形中，斜邊所作的正方形面積等於另外兩邊所作正方形面積之和。
- 相似直角三角形共用一個銳角。
- 相似直角三角形對應邊的比例相等。

‧函數

- 具有直接比例關係的變數意味著線性關係。
- 函數代表每個輸入（定義域）都指派一個輸出（值域）的映射（規則）。
- 線性函數顯示呈現恆定變化率的關係。
- 線性函數的變換與平移會改變變化率和初始值。

‧圓幾何學

- 所有的圓中，圓周與直徑的比率代表一個固定常數 π。
- 把圓分成無限多個扇形之後，合起來近似矩形，可以得到圓的面積公式。
- 半圓的圓周角等於直角。
- 角度的弧度測量代表半徑跟弧長之間的比例常數。

·微積分

- 導數可以用物理學的變化率舉例說明，也可以用幾何學的梯度或斜率函數來說明。

- 切線確定了特定時間點的瞬間速度或加速度。

- 切線方程式和法線分別顯示運動方向和力的方向。

- 微分與積分揭露彼此間互逆的運算。

- 微積分基本定理可以直接計算定積分，不必回到定義並得到包圍區域的極限和。

- 圍繞一個軸轉動一個包圍面積，產生一個可以用積分學決定體積的固體。

·綜合性主題

- 對數律提供了將乘法過程變成加法過程的方法，這可能提供找到反指數函數的方法，也代表了持續的複合成長。

- 統計分析與圖形顯示經常在看似隨機的資料或母體中揭露出模式，使我們能夠推測。

- 向量間的內積代表向量與向量大小之間的角度。

·歷程性通則

- 數學家創造不同的表徵──代數的和幾何的數值表──以比較並分析等價的函數。

- 數學模型的修改或代入資料可能強化也可能扭曲一個問題的正確詮釋。

來源：Wathall, Jennifer. (2016). *Concept-Based Curriculum and Instruction in Mathematics: Teaching for Deep Understanding in Secondary Schools*. Thousand Oaks, CA: Corwin.

資源 **G**

早期美國殖民史：歷史單元網絡

歷史／文化

- 歐洲大探險，十五至十七世紀——因素與特色

- 民族間的文化與互動（信仰與價值、觀念）

- 美洲原住民文化

- 母國殖民方式的差異

- 與其他殖民地以及美洲原住民間的互動（信念與價值、支配十三個殖民地的特質）

- 宗教在英格蘭殖民地中的角色，包括治理。英國、法國以及西班牙與美洲的關係，包括清教徒主義與大覺醒復興運動（Great Awakening）

互動／文化

（概念透鏡）

早期美國殖民史：開始至1763年

政府

- 1450年之後政治組織的型態

- 治理——宗教的角色

- 衝突；意識到來自母國的壓迫

地理

- 十三個殖民地的位置

- 探險路徑

- 殖民地可運用的資源

經濟

- 以物易物／貿易

- 探險的經濟性因素

- 滿足生存需求——商品／服務

- 關稅／稅賦

- 競爭

歷史單元網絡

Frequently asked questions
經常查詢的問題

© 2017 H. Lynn Erickson and Lois A. Lanning

1. **什麼是概念為本的課程與教學（CBCI）？**

   CBCI 是三維度的課程與教學設計模式，CBCI 以學科的概念與通則構成學習領域知識與技能的骨架。CBCI 不同於由主題、事實及低階層次技能構成的傳統二維度模式，CBCI 涵括了概念性理解為不可或缺的學習目標，因而提升了教學的水準。

2. **二維度與三維度課程模式的差異是什麼？**

   - 二維度模式聚焦於知識與技能；
   - 三維度模式聚焦於運用概念、事實與技能，以表達對學習單元的深度概念性理解。

3. **為什麼我們應該要用 CBCI 課程設計模式？**

   因為 CBCI 的課程

   - 啟發腦部的結構（腦部基模），對輸入資訊進行分類、組織及模式的區辨；
   - 在處理知識、技能的低階層次，以及形成概念的高階層次兩端吸引智識投入；
   - 創造「綜效性思考」，亦即在處理知識、技能的低階層次，以及較高的概念性思考層次之間交互激盪；
   - 邀請學生透過吸引個人投入的「概念透鏡」去思考知識與技能，因而增

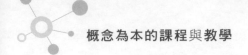

加學習的動機。例如：透過**觀點**作為概念透鏡思考目前中東的衝突；或透過**文本結構**或**意象**這樣的透鏡來研究詩；

- 增進學生運用學科概念性語言的流暢度，藉以促進豐富的學術性對話；
- 讓學生得以遷移他們的理解，在概念層面看出模式以及連結；以及
- 藉著要求思考的老師與思考的學生，以擴充智識的深奧程度。

4. CBCI 課程設計模式如何改變課堂教學？

- 在 CBCI 教學模式中，老師把事實與較低階層次的技能當作**工具**，去幫助學生達到可遷移概念與通則的深度理解，而事實與技能則提供了支持深度概念性理解的基礎。
- 教學聚焦於探究歷程，作為引導學生審慎思考的工具，進而達到通則目標的建構（概念性理解）。
- 形成性或總結性評量不只衡量了學生運用知識與技能的進度，同時也衡量了學生對主要通則的理解深度。

5. CBCI 的教學有哪些優點？

- 因為學生把低階層次的知識與技能連結到概念與概念性理解，在腦子較深入的層次處理資訊，因而事實性知識在學生腦袋裡留存得更久。
- 藉著體驗多樣化脈絡中概念性關係的應用，學生在更深刻的層次瞭解歷程、策略與技能。像英文語言藝術、世界語言、視覺與表演藝術以及音樂等歷程導向學科，從僅有「操作」技能進展到理解實作背後的「為什麼」與「如何」。
- 學生透過在腦部基模中發展概念性結構以遷移理解。
- 在每一個學科領域中，老師都可以環繞著重要概念、原理及通則，以精實化快速成長的課程。
- 學生在個人智識層面投入，進而展現更高的學習動機。

References

參考文獻

Anderson, L.W., & Krathwohl, D.R. (Eds.). (2000). *A taxonomy for learning, teaching, and assessing: A revision of Bloom's taxonomy of educational objectives*. New York: Addison-Wesley Longman.

Bloom, B. S., Engelhart, M. D., Furst, E. J., Hill, W. H., & Krathwohl, D. R. (Eds.). (1956). *Taxonomy of educational objectives: The classification of educational goals: Handbook I. Cognitive domain*. New York: David McKay.

Bransford, J., Brown, A., & Cocking, R. (Eds.). (2000). *How people learn: Brain, mind, experience, and school* (Expanded ed.). Committee on Developments in the Science of Learning and Committee on Learning Research and Educational Practice, Commission on Behavioral and Social Sciences and Education, National Research Council. Washington, DC: National Academies Press.

Eagleman, D. (2015). *The brain: The story of you*. New York: Pantheon Books.

Elder, L., with Paul, R. (2010). Critical thinking development: A stage theory – with implications for instruction. Retrieved from the Critical Thinking Community website: http://www.criticalthinking.org/pages/critical-thinking-development-a-stage-theory/483.

Erickson, H. L. (1995). *Stirring the head, heart, and soul: Redefining curriculum and instruction*. Thousand Oaks, CA: Corwin.

Erickson, H. L. (2002). *Concept-Based Curriculum and Instruction: Teaching beyond the facts* (2nd ed.).Thousand Oaks, CA: Corwin.

Erickson, H. L. (2007). *Concept-Based Curriculum and Instruction for the thinking classroom* (1st ed.). Thousand Oaks, CA: Corwin.

Erickson, H. L. (2008). *Stirring the head, heart and soul: Redefining curriculum and instruction*. Thousand Oaks, CA: Corwin.

Erickson, H. L., & Lanning, L. A. (2014). *Transitioning to Concept-Based Curriculum and Instruction: How to bring content and process together*. Thousand Oaks, CA: Corwin.

Guskey, T. (2000). *Evaluating professional development*. Thousand Oaks, CA: Corwin.

Guskey, T. (2002). Professional development and teacher change. *Teachers and Teaching: Theory and Practice, 8*(3/4): 381–391.

Harris, T., & Hodges, R. (1995). *The literacy dictionary: The vocabulary of reading and writing*. Newark, DE: International Reading Association.

Hattie, J., & Yates, C. (2014). *Visible learning and the science of how we learn*. New York, NY: Routledge.

Jenkins, S. (2013). *The animal book*. Orlando, FL: Houghton Mifflin Harcourt.

Lanning, L. (2009). *4 powerful strategies for struggling readers: Grades 3–8*. Thousand Oaks, CA: Corwin (published in association with International Reading Association).

Lanning, L. (2013). *Designing a concept-based curriculum for English language arts: Meeting the common core with intellectual integrity*. Thousand Oaks, CA: Corwin.

Paul, R. W. (1997). Making critical thinking intuitive: Using drama, examples, and images. In Richard Paul, A.J.A. Binker, Karen Jensen, & Heidi Kreklau (Eds.), *Critical thinking handbook: 4th–6th grades* (pp. 19–36). Dillon Beach, CA: Foundation for Critical Thinking Press.

Paul, R.W., & Elder, L. (2014). *The miniature guide to critical thinking: Concepts & tools* (7th ed.). Santa Rosa, CA: Foundation for Critical Thinking.

Programme for International Student Assessment. (2012). Washington, DC: Organizations for Economic Cooperation and Development.

Ritchhart, R. (2002). *Intellectual character: What it is, why it matters, and how to get it*. San Francisco: Jossey-Bass.

Ritchhart, R. (2015). *Creating cultures of thinking: The 8 forces we must master to truly transform our schools*. San Francisco, CA: Jossey-Bass.

Ritchhart, R., Church, M., & Morrison, K. (2011). *Making thinking visible: How to promote engagement, understanding, and independence for all learners*. San Francisco, CA: Jossey-Bass.

Robinson, K. (2006). Do schools kill creativity. TED Talks Education. https://www.ted.com/talks/ken_robinson_says_schools_kill_creativity?language=en.

Robinson, K. (2013, April). How to escape education's Death Valley. TED Talks Education. https://www.ted.com/talks/ken_robinson_how_to_escape_education_s_death_valley?language=en.

Sousa, D. (2011a). Commentary—Mind, brain, and education: The impact of educational neuroscience on the science of teaching. *LEARNing Landscapes, 5*(1), 37–43. Retrieved from http://www.learninglandscapes.ca/images/documents/ll-no9/dasousa.pdf.

Sousa, D. (2011b). *How the brain learns.* Thousand Oaks, CA: Corwin.

Sousa, D. (2015). *Engaging the rewired brain.* West Palm Beach, FL: Learning Sciences International.

Sylwester, R. (2015). *How to explain a brain: An educator's handbook of brain terms and cognitive processes.* New York: Skyhorse Publishing.

Taba, H. (1966). *Teaching strategies and cognitive functioning in elementary school children (cooperative research project).* Washington, DC: Office of Education, U.S. Department of Health, Education, and Welfare.

Tomlinson, C. A. (2014). *The differentiated classroom: Responding to the needs of all learners* (2nd ed.). Alexandria, VA: Association for Supervision and Curriculum Development.

Tomlinson, C. A., & Eidson, C. C. (2003). *Differentiation in practice: A resource guide for differentiating curriculum, grades 5–9.* Alexandria, VA: Association for Supervision and Curriculum Development.

Wiggins, G., & McTighe, J. (2011). *The understanding by design guide to creating high-quality units.* Alexandria, VA: Association for Supervision and Curriculum Development.

Wolk, S. (2008). School as inquiry. *Phi Delta Kappan, 90*(2), 115–122.

Wolfe, P. (2010). *Brain matters: Translating research into classroom practice* (2nd ed.). Alexandria, VA: ASCD.

筆記頁

筆記頁

國家圖書館出版品預行編目（CIP）資料

創造思考的教室：概念為本的課程與教學 / 琳恩·艾瑞克森（H. Lynn
Erickson），洛薏絲·蘭寧（Lois A. Lanning），瑞秋·法蘭奇
（Rachel French）著；劉恆昌譯. -- 初版. -- 新北市：心理, 2018.12
　　面；　　公分. --（課程教學系列；41330）
　　譯自：Concept-based curriculum and instruction for the thinking
classroom, 2nd ed.
　　ISBN 978-986-191-849-5（平裝）

　　1. 創造思考教學　　2. 課程規劃設計

521.426　　　　　　　　　　　　　　　　　　　　　107020680

課程教學系列 41330

創造思考的教室：概念為本的課程與教學

作　　者：琳恩·艾瑞克森（H. Lynn Erickson）、洛薏絲·蘭寧（Lois A. Lanning）、
　　　　　瑞秋·法蘭奇（Rachel French）
譯　　者：劉恆昌
執行編輯：陳文玲
總　編　輯：林敬堯
發 行 人：洪有義
出 版 者：心理出版社股份有限公司
地　　址：231026 新北市新店區光明街 288 號 7 樓
電　　話：(02) 29150566
傳　　真：(02) 29152928
郵撥帳號：19293172 心理出版社股份有限公司
網　　址：https://www.psy.com.tw
電子信箱：psychoco@ms15.hinet.net
排 版 者：菩薩蠻數位文化有限公司
印 刷 者：辰皓國際出版製作有限公司
初版一刷：2018 年 12 月
初版五刷：2021 年 5 月
I S B N：978-986-191-849-5
定　　價：新台幣 320 元